女性董事
對公司治理的影響

張玲玲 著

前言

董事會作為公司的決策制定和實施監督機構，對公司發展的重要程度不言而喻。良好的董事會治理是企業發展的智力資本載體，也為企業發展提供持久動力。優化董事會結構能提高董事會的決策質量和監督質量，而董事會的性別結構是優化董事會結構的重要研究內容，因此，董事會的性別異質化對公司治理的影響越來越受到重視。在實業界，多國政府頒布法律法規，要求女性在董事會中占比需達到一定要求，如挪威、西班牙、法國等。在學術界，研究董事會性別多元化的文章也逐漸增多，並且大部分文獻指出女性董事對公司治理確實起到了積極的作用。那麼，在中國資本市場上，女性董事是否對公司治理起到了積極作用呢？上市公司是否可以借鑑國外經驗，通過實現董事會性別多元化來改善公司治理，從而在競爭日益激烈的市場中取得優勢呢？本書結合內部控制和外部環境，從公司代理成本的幾個研究角度，即高管薪酬、現金股利、關聯交易，研究中國上市公司女性董事是否能夠降低公司的代理成本。

2016年的杭州峰會上發布的二十國集團領導人峰會公報明確指出，各國政府應採取有關政策，確保婦女和青年企業家、女性領導的企業在全球價值鏈中受益。可見，女性高管受到了各國的重視。現代管理大師德魯克也說過，「時代的轉變正好符合女性的特質」。女性董事作為女性高管在企業經營中扮演的重要角色，在實業界和學術界越來越引起重視。致同會計師事務所發布的2016年的《國際商業問卷調查報告》顯示，雖然全球女性董事所占比例的平均水準為17%，不到20%，但是全球45%的企業支持董事會中女性成員需達到一定比例要求。在中國內地，支持這樣的比例要求的上市公司比例甚至高達85%。那麼，女性董事對公司治理到底會產生怎樣的影響呢？本書將女性董事區別於男性的「稟賦」引入公司內部治理機制和外部治理機制，從高管薪酬、現金股利角度研究女性董事對股東和經理人之間代理問題的影響；從關聯交易角度研究女性董事對大股東和中小股東之間代理成本的影響。本書利用委託代理理論、高階理論、資源依賴理論和個體認知局限性理論，試圖從多個角度解

释女性董事对公司治理产生的影响。首先，本书通过梳理关于女性高管的文献，总结女性在管理岗位上相对于男性的优势，如女性更加厌恶风险、工作更加细致谨慎、更加公平公正等。其次，本书进一步分析女性的性格特征在董事会中的作用。再次，为深入研究女性董事对公司治理的影响，本书从公司内部治理和外部治理两个角度出发，引入股东和经理人的委托代理问题，以及大股东和中小股东之间的代理问题，从高管薪酬、现金股利、关联交易这几个方面分析女性董事对公司治理的影响。最后，本书围绕理论提出假设，建立实证模型，进行了实证检验。

　　本书的主要内容有：第1章为绪论。本章介绍了本研究的背景和意义，陈述了研究的内容、逻辑框架和方法，并简要介绍了本书总体研究框架。第2章为文献综述。本章先梳理董事性别多元化研究的相关文献，从女性的性格特征的角度出发，阐明女性在管理岗位上优于男性的方面，再具体介绍女性高管和女性董事对公司治理的影响的相关理论与实证研究。由于本研究主要从高管薪酬、现金股利、关联交易这几个角度入手研究女性董事对公司治理的影响，因此，接下来本章逐步梳理了公司治理对高管薪酬的影响、公司治理对现金股利的影响、公司治理对关联交易的影响的文献。最后结合女性董事的特征，分析女性董事通过改善公司治理，可能对高管薪酬、现金股利、关联交易产生的影响。第3章为理论基础。首先从委托代理理论角度阐述董事会的治理对公司治理的影响。其次介绍了公司内部控制系统和外部控制系统对公司治理的作用方式，为后文从内部和外部分别研究女性董事对公司治理的影响做理论准备。再次介绍了信息透明度的相关理论，阐述了信号发送与信息透明度的关系。最后介绍了董事会性别对公司治理影响的理论，包括高阶理论、资源依赖理论和个体认知局限性理论。这些理论从不同角度解释了董事会性别结构异质化的重要性，为后面具体研究董事会性别多元化对高管薪酬、现金股利、关联交易做理论准备。第4章从内部控制中的激励机制角度研究女性董事对高管薪酬的影响。基于现实中高管超额薪酬普遍存在、高管与员工之间薪酬差距大、高管薪酬业绩敏感性低的问题，首先分析女性董事对高管薪酬各个方面的可能影响，然后提出假设，建立相应模型，最后根据实证结果得出研究结论。第5章从内部控制中对自由现金流的约束角度研究女性董事对现金股利的影响。由于现金股利被认为是现代公司治理研究中股东和经理人主要的代理问题之一，为了进一步研究女性董事对现金股利的影响，并且根据现实中现金股利的发放受公司治理现状的影响，本章从过度投资、信息不对称、管理层权力三个方面提出假设，建立模型，根据实证结果得出研究结论。第6章从关联交易角度探讨女性董事对大股东和中小股东之间的代理成本的影响。为了考察女性董事是否能够

通過加強對經理人和大股東的監管，避免經理人和大股東合謀攫取公司利益。本章分別從女性董事對關聯交易產生的可能性、關聯交易的頻數、關聯交易的規模、關聯交易中關聯方對上市公司現金流的占用的影響角度，先依據女性董事的「稟賦」，提出假設，然後建立模型，用 Probit 模型和 OLS 模型，從上述角度研究了女性董事對上市公司與關聯方交易的影響。第 7 章是全書的總結。通過總結全書的研究成果和結論，指出研究的不足和未來可以改進的方向，並提出相關的政策建議。

　　本書的創新之處在於以下幾個方面：第一，本書選題新穎。從董事會治理的影響研究來看，國外研究女性董事對公司治理的文獻比較多，但是國內對女性董事的研究還比較少。本書首次較全面地研究了中國董事會的性別多元化對公司治理的影響。雖然國內很多文獻從董事會的背景特徵研究了董事會對公司治理的影響，包括董事會的獨立性、董事會的人口背景特徵、董事會的專業背景特徵、董事會的政治背景特徵等，但是單獨研究董事會性別結構對公司治理的影響的文獻還很少。本書通過專門研究董事會的性別多元化對改善公司治理的作用，豐富了董事會異質化對公司治理的影響的相關研究。從對女性高管的研究文獻來看，女性高管通常有四種定義：女性 CEO、女性 CFO、女性董事、所有女性高管。大部分相關文獻集中研究的是女性 CEO 或者女性 CFO 對公司治理的影響，而將女性董事排除在外。董事代表股東的利益，是公司的決策者和監督者，他們的決策更多地從股東的利益出發。而經理人是執行者，執行者的行為以自身利益最大化為目的，經理人對公司治理的影響很大程度上受公司薪酬制度和監管力度的影響。兩者對公司治理的影響機制是不同的。因此，本書通過研究董事會的性別結構對公司治理的影響，也豐富了高管特徵對公司治理的影響的研究成果。此外，中國女性 CEO 的比例僅僅達到 4%（李小榮和劉行，2012），而上市公司存在女性董事的比例達到 70% 以上，女性在董事會中的平均比例達到 14%。而致同會計師事務所在 2016 年發布的《國際商業問卷調查報告》顯示，支持女性董事比例要求的中國內地上市公司比例甚至高達 85%。可見研究董事會性別多元化對公司治理的影響有重要意義。第二，女性高管厭惡風險的特徵是很多研究高管多元化文章的切入點，但是，女性董事對公司治理的影響作用可能是多方面的。例如，女性董事的獨立性特徵可能起到改善公司治理的作用，女性董事更加公平公正也可能約束高管的超額薪酬等，但女性董事的這些特徵在以往的文獻中並沒有引起重視。雖然限於數據的可得性，筆者並不能實證分析女性董事的獨立性或者女性董事的公平公正對公司治理的影響，但是在規範研究中，筆者盡量分析女性董事的多種性格特徵可能對改善公司治理的作用。第三，本書首次分析了董事會性別結構在不同所有制形

式的上市公司中的分布情況。由於中國經濟體制的特殊性，國有上市公司的民主性和開放度更低，受計劃經濟中的命令與服從關係的影響更加深刻，對兩性的平等觀念的接受度也更低，女性的話語權也更弱。所以，在描述性統計中，筆者分析了女性董事在國有和非國有企業中的分布差異；在分析女性董事對高管薪酬的影響的實證章節，本書首次比較了女性董事在國有和非國有上市公司中對公司治理影響的不同效果。本書為改善國有企業的董事會性別結構從而改善國有企業董事會治理，減少國有企業代理問題的政策制定提供了一定依據。

關鍵詞：女性董事　高管薪酬　現金股利　關聯交易

Preface

As the company's decision-making and supervision organization, the board is important to the development of the company. Good behavior of the board provides the intellectual capital and lasting power for the development of enterprises. Optimization of the structure of the board can improve the quality of decision-making and supervisory function of the board. The gender structure of the board is an important research content. Gender heterogeneity of the board attracts more and more attention in the industrial sector, and governments enact laws and regulations, which requires women to be accounted to reach a certain proportion in the board, such as Norway, Spain, France, etc. In the academic field, researches on the gender diversity of the board have gradually increased, and most of the literature has found that female directors play a positive role in corporate governance. So in Chinese capital market, do the female directors also play an important role in the corporate governance? Whether can the listed companies learn from abroad, and improve corporate governance by the gender diversification of the board, so as to gain an advantage in the increasingly competitive market? In this paper, from several perspectives of the agency costs, that is, executive pay, cash dividends, related party transactions, we study whether the female directors of the Chinese listed companies is able to improve corporate governance and ease the company's agency costs.

The communique, released at the end of the G20 Hangzhou summit, pointed out that governments take relevant policies to ensure women and young entrepreneurs rights, and ensure women-led companies to benefit from the global value chain. Drucker, a master of modern management, said, 「the transformation of the times is in line with the characteristics of women.」 As an important role of female executives, female directors attract more and more attention in the industrial and academic circles. An investigation named 「International Commercial Questionnaire Survey Report」 issued in 2016, which is carried out by the Grant Thornton International Ltd., shows that although the global average proportion of female directors is 17%, less than 20%, but 45% of the world listed companies support the policy of commitment to a quota of the female board members. In China, the proportion of listed companies in the mainland to support such quotas even as high as 85%. With the emphasis on female directors in the practical field, gender heterogeneity of board has become a hot research topic in the academic fields in recent years. Introducing the characteristics of the female directors into the company's principal-agent theory, the high order echelon theory, resource dependence theory and individual cognitive limitation theory, we try to explain the impact of female directors on corporate governance from multiple perspectives. This article first combed the literature of the summary of the advantages of women relative to men in management positions, such as women more risk aversion, more carefully and more dedicated. And then this article analyzes the characteristics of the female in the board. This paper introduces the characteristics of female personality into the principal-agent theory, and the literature finds that women directors can strengthen the supervision of the manager, which reduces the agency costs of the company. For further study of the effect of female directors on the agency costs, combined with several classic research objects in agent cost—executive compensation, cash dividend, related transactions, by putting forward the hypothesis and the establishment of empirical model, we research the impact of female directors on these aspects. The main contents of the paper are: The first chapter is the introduction. This chapter introduces the background of this study, and analyzes the content and the logical framework of the study and research methods, to provide a general framework for the study. The second chapter is the literature review. First, this part sorts out the relevant literature on female executives, and the relevant literature on the impact of female directors on corporate governance. Because this research is mainly about the influence of female directors on executive compensation, cash dividend, related transactions, we reviews the literature of influence of corporate governance on executive pay, the influence of corporate governance on cash dividend, the influence of corporate governance on the related transactions. Finally, according to the characteristics of female directors, we analyze the influence of female directors on the corporate governance from the aspect of executive compensation, cash dividend, related party transactions. The third chapter is the theoretical basis. Firstly, based on the principal-agent theory, we explain the importance of the board to corporate governance. Then it introduces the role of internal control system and external control system in corporate governance, to prepare for the following research. Besides, it introduces the theories of gender heterogeneity of the board, including the high order echelon theory, resource dependence theory and individual cognitive limitation theory. These theories explain the importance of the heterogeneity of the board from different angles, which is the theoretical preparation for the following specific research. The fourth chapter is the research of the influence of the female directors on the executive compensation. As excess executives compensation, huge pay-gap between employees and executives and low pay-performance sensitivity become universal phenomenons, in this part, we analyze whether female directors effect on executive compensation in various aspects, and then put forward the hypothesis, establish corresponding model, finally draw the conclusion from the empirical results. The fifth chapter is the research of the influence of the female directors on the cash dividend. As the cash dividend is considered to be one of the main agency problem between the shareholders and managers in the company, the article studies the impact of female directors on the cash dividend. As the cash dividend policy is affected by the status of corporate governance, the article consider the relationship between cash dividend and female directors is also affected by the corporate governance. Then we suggest hypotheses and establish models, finally draw the conclusion from empirical study. The sixth chapter studies the influence of female directors on the related party transactions. In order to investigate whether the female directors can strengthen the supervision of managers and large shareholders to avoid them to grab the interests of the company, the article studies the impact of female directors on the related transactions. According to female directors 「Endowment」, from the perspectives of possibility of related transactions, related transaction frequency, related party transactions size, and cash flow occupancy by related party transactions, we put forward the hypothesis, then set up Probit model and OLS model, from different perspectives to research the influence of female directors on the related party transactions. The seventh chapter is the summary of the full text. By summarizing the research results and conclusions, this paper points out the shortcomings and future directions of the research. The innovation of this paper is in the following aspects: First, this paper first comprehensively studies the impact of the board gender diversity on corporate governance in China. Most of the literature about the board is from the background of directors to research the influence of the board on corporate governance, including independence, demographic characteristics, professional characteristics and political background of the board, but there are few domestic researches about the impact of board gender on the corporate governance. This paper studies the influence of directors' gender diversity on corporate governance. Foreign literature on women executives usually has four definitions: female CEO, female CFO, female directors, and all the female executives. Most literature focus on the study of the influence of female CEO or CFO on corporate governance. Female directors are usually excluded from the study of female executives. On behalf of the interests of shareholders, directors are the company's decision makers and supervisors; and the manager is the executor, and the purpose of manager is to maximize his own interests. The mechanism of corporate governance of them are different. And the influence of manager on corporate governance largely depends on the company pay system and supervision. Therefore, it is necessary to study the influence of gender heterogeneity on corporate governance from the perspective of directors. Besides, this paper also enriches the research about the influence of board characteristics on corporate governance. In addition, the proportion of female CEO in China only reaches 4% (Li Xiaorong and Liu, 2012), and the proportion of listed companies which have women directors reaches more than 70%, and the average proportion of women in the board reaches 14%. The 「International Commercial Questionnaire Survey Report」 issued by Grant Thornton International Ltd in 2016 shows that 85% of the Chinese listed companies support the policy of commitment to an quota of the female board members . It shows that the influence of the board gender diversity on corporate governance is of great significance. Second, risk aversion of female executives is the main point of many studies on gender diversity of executives. However, the mechanism of the influence of female directors on corporate governance maybe in different ways. For example, more independence makes female directors play a role in improving corporate governance; and female directors prefer fair deal, which may reduce the salary gap between executives and employees. But these characteristics of female directors have not been paid attention to. Although limited availability of data makes us can't analyze how much the characteristics of female directors' risk aversion, or independence, diligence will effect the corporate governance in detail, but in normative research, we try to explain a verities of mechanisms by which the female directors improve the company governance. Third, this paper analyzes the difference of the gender structure of the board in different ownership of the listed companies for the first time. Because of the particularity of China economic system, the state-owned listed companies, less democratic and less opened, are influenced by the planned economy and used to obey orders. So the concept of gender equality is insufficient, and women right to speak is weaker. In the descriptive statistics, we analysis the differences of female directors in state-owned and non state-owned enterprises in the distribution; in the empirical analysis section of the influence of female directors on executive compensation, we compare the different effect of female directors on the state-owned and on the non state-owned listed companies for the first time. This paper provides a support for the point that improving the gender structure of the board can improving the governance of the board of state-owned enterprises, which reduces the agency problems of state-owned enterprises. Fourth, this paper first combines the company's internal control mechanism and external governance environment to study the impact of female directors on corporate governance. The traditional literature on female directors mainly focused on the influence of female directors on internal corporate governance, to research female directors to ease the conflict of interest between managers and shareholders or the conflicts of large shareholders and small shareholders. Few literature are from the aspect of external governance environment to analysis this problem. In reality, the internal and external governance mechanisms are complementary to each other. The control market and workplace reputation of the external governance mechanisms can play a role in constraint of the manager: the stock price crash risk may result in the the transfer of company and the reputation damage of the directors. For the purpose of avoiding risk, female directors would like to take the initiative to strengthen the internal supervision of the manager, and increase the transparency of information in the external market, which will reduce the risk of stock price collapse. By researching the impact of female directors on the risk of stock price crash, we show the evidence that the optimization of the company's internal governance can improve the corporate governance through external mechanisms.

Key words: female directors, executive pay, cash dividend, related party transactions

目　錄

1　緒論 / 1
　1.1　研究背景與研究意義 / 1
　　1.1.1　研究背景 / 1
　　1.1.2　研究意義 / 5
　1.2　研究思路與研究方法 / 6
　　1.2.1　研究思路 / 6
　　1.2.2　研究方法 / 7

2　文獻綜述 / 9
　2.1　董事會性別多樣化的研究背景 / 9
　　2.1.1　女性的性格特徵及其對管理的影響 / 9
　　2.1.2　女性高管對公司價值的影響 / 12
　　2.1.3　女性董事的相關研究文獻 / 12
　2.2　高管薪酬的影響因素 / 15
　　2.2.1　高管薪酬的相關理論 / 15
　　2.2.2　高管薪酬的實證研究 / 17
　2.3　現金股利政策的影響因素 / 19
　　2.3.1　傳統的股利政策理論 / 19
　　2.3.2　現金股利的實證研究 / 20

2.4 關聯交易的理論及文獻綜述 / 23

    2.4.1 關聯交易的相關理論 / 23

    2.4.2 關聯交易的相關實證研究 / 24

2.5 股價崩盤風險的相關研究 / 缺

    2.5.1 股價崩盤風險的相關理論 / 缺

    2.5.2 股價崩盤風險的實證研究 / 缺

3 理論基礎 / 26

3.1 委託代理理論 / 26

3.2 公司治理機制理論 / 29

    3.2.1 內部控制系統 / 29

    3.2.2 外部控制系統 / 30

3.3 信息透明度理論 / 32

    3.3.1 有效資本市場理論 / 32

    3.3.2 信號理論和信息透明度 / 33

3.4 高管團隊性別異質化理論 / 33

    3.4.1 高階理論 / 33

    3.4.2 資源依賴理論 / 36

    3.4.3 個體認知局限性理論 / 37

4 女性董事對高管薪酬的影響 / 39

4.1 引言 / 39

4.2 文獻綜述及假設 / 40

4.3 數據及變量定義 / 44

    4.3.1 樣本選擇與數據來源 / 44

    4.3.2 變量定義 / 44

    4.3.3 模型建立 / 45

4.4 實證結果分析 / 46
    4.4.1 變量描述統計 / 46
    4.4.2 實證結果及分析 / 47
    4.4.3 其他相關檢驗 / 55
4.5 本章小結 / 59

5 女性董事對現金股利的影響 / 61

5.1 引言 / 61
5.2 文獻回顧與理論假設 / 62
    5.2.1 現金股利的影響因素 / 62
    5.2.2 女性高管對現金股利的影響 / 63
5.3 研究設計 / 67
    5.3.1 樣本選取與數據來源 / 67
    5.3.2 變量選擇和定義 / 67
    5.3.3 模型設計 / 69
5.4 實證結果與分析 / 70
    5.4.1 描述性統計 / 70
    5.4.2 實證結果分析 / 71
    5.4.3 穩健性檢驗 / 81
5.5 本章小結 / 83

6 女性董事對關聯交易的影響 / 85

6.1 引言 / 85
6.2 文獻綜述及假設 / 86
6.3 數據及變量定義 / 89
    6.3.1 樣本選擇 / 89
    6.3.2 變量定義 / 89

  6.3.3 模型設定 / 91
 6.4 估計結果分析 / 92
  6.4.1 樣本描述統計 / 92
  6.4.2 估計結果及分析 / 93
  6.4.3 穩健檢驗 / 102
 6.5 結論 / 106

7 本書總結 / 108
 7.1 研究結論及建議 / 108
 7.2 創新之處 / 110
 7.3 不足之處 / 111

參考文獻 / 113

1 緒論

1.1 研究背景與研究意義

1.1.1 研究背景

隨著女性思想的解放，職業女性在社會中的價值得到了更多認可。人類學家 Fisher（1999）認為，由於女性具有「網狀思維」模式，和只具有「階梯思維」模式的男性相比，女性更加適應社會未來的發展趨勢，因此女性的社會影響力會越來越大。和男性相比，女性的人格特徵、風險偏好、道德意識、觀察視角都有顯著的差異，因此職業女性作為領導者比男性領導者在某些方面有更優秀的表現。正如現代管理大師杜拉克所言，「時代的轉變正好符合女性的特質」。在全球範圍內，隨著女權主義的覺醒，女性進入企業領導層的願望也越來越強烈，越來越多的女性進入企業管理層，成為企業的 CEO（首席執行官）、CFO（首席財務官）和企業董事會成員。這將影響公司的戰略決策和發展前景。由女性領導的企業在 20 世紀 80 年代不到 10%，而到 21 世紀初，該比例已達到 20%。麥肯錫一份針對歐洲國家的研究報告指出，女性擔任高管比例高的公司比女性擔任高管比例低的公司的利潤更高，業務成果更優秀，股票價格增長比例更大。2004 年美國的一項調查顯示，美國《財富》500 強的 353 家公司中，女性高管比例高的公司比女性高管比例低的公司的 ROE（淨資產收益率）高出 35%，股東總回報率高出 34%。因此，鼓勵提高女性高管比例不僅僅是現代社會對兩性平等、女權運動的訴求，更有業績數據的支撐。Facebook 的女董事桑德伯格就呼籲全球的女性在商業戰場上提高自己的地位，倡議女性為更高的事業目標而奮鬥。國內的格力總裁董明珠也讓中國的資本市場認識到女性高管同樣可以讓對手折服。隨著實業界越來越多的女性進入企業管理層，學術界研究女性高管的文獻也逐漸增多。女性高管包括女性 CEO、女

性 CFO 和女性董事及其他高管。但是，目前國內外對女性高管的研究大多主要集中研究女性 CEO、女性 CFO，而將女性董事排除在外。董事會治理是公司治理研究的重要內容之一。現代公司制度中董事會的責任包括聘用與解雇經理人、決定經理人的報酬、監督經理人的行為是否符合股東的利益。董事會通過監督和激勵措施減少經理人的敗德行為。董事會的監督和激勵效果依賴於董事會的構成。董事會的構成是指董事會成員組成以及其各組成部分的關係。已有文獻多從董事會規模、年齡分布、性別分布、專業背景特徵、學歷特徵、任職經歷、任期等角度來分析董事會的構成對公司治理的影響。董事會性別多元化是董事會多元化的重要研究內容，近年來引起各國政府、學術界和社會公眾的關注。為了推動董事會的性別多元化發展，世界各國陸續頒布法律要求女性董事達到一定比例。例如，挪威在 2003 年頒布的《性別平等法案》中要求到 2008 年為止，國有公司女性董事占比要達到 40%。在法案實施 6 年後，挪威被英國經濟學家情報社評為經濟最安全的國家。類似的還有西班牙於 2007 年頒布的法律，該法律鼓勵公司女董事比例在 2015 年達到 40%；2010 年由法國總統薩科吉領導的政黨提交的一項法案也倡導法國公司女董事比例在 6 年內達到 40%。雖然中國資本市場對上市公司的女性董事比例還沒有相關法律法規規定，但女性董事在中國公司治理中發揮的作用越來越引起重視。致同會計師事務所 2016 年發布的《國際商業問卷調查報告》顯示，全球 45% 的企業支持上市公司對董事會中女性成員需達到一定比例的要求，在中國內地，支持這樣的比例要求的上市公司比例甚至高達 85%。近幾年來，中國上市公司的女性董事的人數均值和女性董事在公司董事會中的比例逐年升高。圖 1.1 和圖 1.2 分別為本研究的樣本數據中的中國女性董事人數均值和女性董事比例在 2007—2013 年的變化趨勢。圖中顯示，女性董事人數均值從 2007 年的 1.05 人增長到 2013 年的 1.51 人，女性董事比例均值從 2007 年的 10.3% 增長到 2013 年的 14%，均呈逐年增長的趨勢。雖然從總體來看，中國資本市場上的女性董事在逐年增加，但女性董事的分布卻存在地域上的差異。註冊地在東部的上市公司的女性董事人數均值或者女性董事比例比註冊地在其他區域的都要高，並且東部女性董事人數均值和比例增長更快。圖中資訊說明，東部上市公司更注重董事會性別多元化發展。這與社會的市場化水準有關。市場化水準高的地方，開放的經濟體更有包容性，對女權主義和兩性平等的觀念更加容易接受。由於中國市場化進程在東、中、西部差異懸殊，在市場化進程高的東部，董事會的性別異質化更受重視，女性董事人數均值和女性董事比例都顯著高於其他區域。而在市場化進程較低的中西部，雖然女性董事總人數和女性董事比例也都在逐

年增加，但是，董事會的性別異質化發展程度都低於東部。

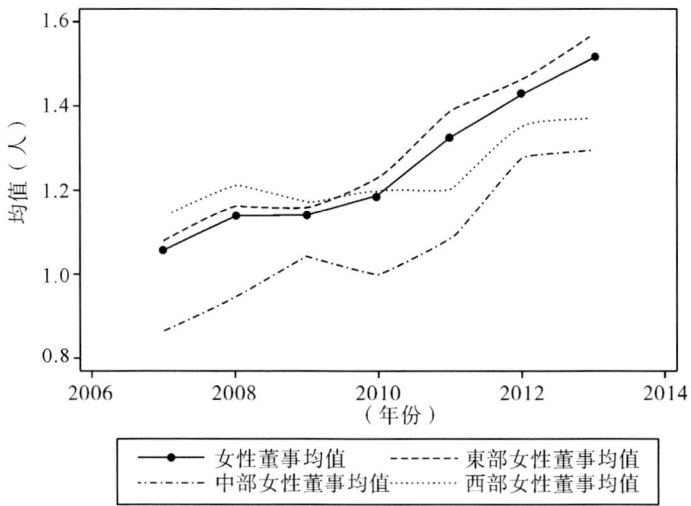

圖 1.1　中國女性董事總人數的變化情況（2007—2013 年）
數據來源：國泰安數據庫

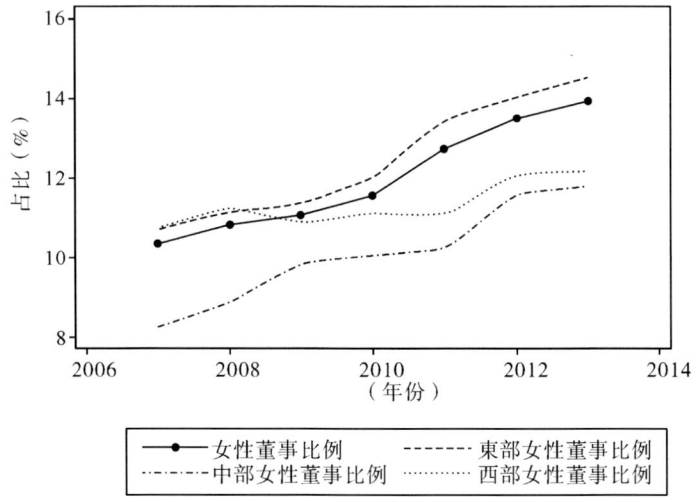

圖 1.2　中國女性董事比例的變化情況（2007—2013 年）
數據來源：國泰安數據庫

女性董事的分布不僅存在地域上的差異，也存在不同所有制之間的差異。圖 1.3 為中國不同所有制上市公司中女性董事比例在 2007—2013 年的變化。

從圖1.3中可見，非國有企業中的女性董事比例顯著高於國有企業中的女性董事比例，並且，非國有企業中的女性董事比例在2007—2013年的增長速度快於國有企業中女性董事的比例。這是由於長期受計劃經濟的影響，國有企業的權力更為集中。Bebchuk et al. Fried（2002）認為，董事會在權力集中的組織環境中更容易處於服從地位。因此，相對於非國有企業，國有企業更加保守，董事會受傳統的男權思想影響更嚴重，女性的話語權更加弱勢。國有企業中的董事會性別異質化並沒有得到重視。而非國有企業的市場化程度高於國有企業，開放程度也高於國有企業。組織環境越開放民主，兩性平等的觀念越容易被接受。因此，在非國有企業中，女性董事的比例更高，增長速度也更快。

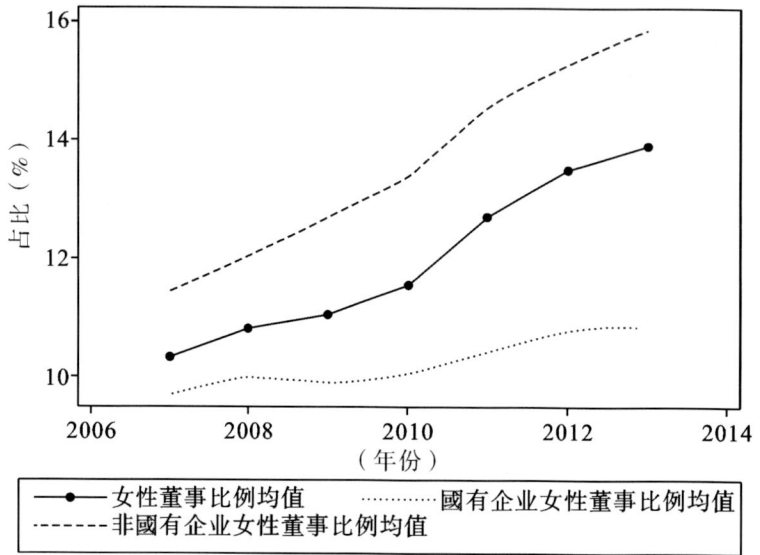

圖1.3 中國不同所有制上市公司女性董事比例的變化情況（2007—2013年）
數據來源：國泰安數據庫

從上面的分析可見，中國女性董事在近幾年來無論是人數還是比例都有所增加，但是整體上來說，上市公司女性董事比例在14%左右，董事會性別異質化水準還很低，並且女性董事的分布也存在地域和所有制的影響 。和女權意識覺醒較早的西方社會相比，在中國，兩千多年的封建文化根深蒂固，傳統的「男尊女卑」的思想對中國女性的觀念、思維以及行為仍有較深影響。儒家思想對中國女性的束縛體現在中國傳統的社會分工模式上，「男耕女織」「男主外，女主內」的社會分工在當今社會仍然存在。雖然在改革開放以後，隨著女權主義思想的傳播，中國女性的自我意識和獨立意識逐漸蘇醒，越來越多的

女性走出家庭成為職業女性，但是，傳統的「男高女低」的社會文化和習俗仍然影響著女性高管的職業發展。那麼，作為女性高管的角色之一，女性董事是否對中國的上司公司治理產生影響呢？如果產生影響，具體來看，女性董事對公司內部控制都有怎樣的影響？其中的作用機制又是怎樣的呢？這些都極待進一步研究。

1.1.2 研究意義

董事會的多元化對公司治理的作用越來越受到認可，董事會性別多元化的研究也越來越受到重視。但是，目前女性在職場上仍然居於不利地位，尤其是在公司高管中占的比例遠遠低於男性。由於隱性的性別歧視，女性在職場上往往遭受「玻璃天花板」的困擾。而東亞受儒家的「男尊女卑」思想的深刻影響，中國、日本、韓國等國的上市公司高管男女比例不均衡現象非常嚴重。作為一個新興資本市場，中國的文化傳統、倫理道德、法律制度和西方發達的資本市場都有顯著的差別，因此研究中國上市公司的女性董事多元化對公司治理的影響是有必要的。中國上市公司的股東和經理人、大股東和中小股東之間都存在嚴重的代理衝突問題極待解決。例如：高管通過超額薪酬謀取私利，濫用自由現金流，和大股東勾結通過關聯交易「掏空」公司，資訊不透明導致股價暴漲暴跌，這些都是中國上市公司常見的代理問題。良好的公司治理能夠降低公司代理成本，而董事會治理研究是公司治理研究中的重要內容。已有很多文章從董事會規模、董事會會議次數、董事長和總經理是否兼任、獨立董事比例等方面研究董事會治理對上市公司的影響。但在學術界，專門研究中國董事會性別結構對公司治理的影響的文獻很少。因此，研究女性董事對公司治理的影響有重要的社會學意義和公司治理意義，尤其在中國特殊的文化背景和資本市場環境下，研究女性董事是否能夠改善公司治理、緩解公司代理衝突問題有重要現實意義。首先，研究女性董事對公司內部控制的影響，對解決中國公司內部治理混亂問題，從而提升公司治理水準具有重要意義。當前，中國上市公司股東與經理人之間的代理成本大，大股東和中小股東之間的代理成本也大，利益衝突嚴重阻礙了上市公司的發展，也損害了投資者的利益。研究董事會的性別異質化對公司內部治理的影響豐富了董事會治理的相關文獻，也為如何通過實現董事會結構優化來改善公司治理提供了借鑑。其次，研究女性董事在公司治理中的作用，豐富了職業女性在高級管理崗位上對公司治理的影響的相關文獻。從董事會治理研究來看，國內對女性董事的研究還比較少。本書首次較全面地研究了中國董事會的性別多元化對公司治理的影響，豐富了相關研究。

本書闡述了女性在董事職位上在監督工作方面優於男性的表現，為提高職業女性的地位，尤其是增強女性高管的話語權，實現高管性別異質化的相關措施提供了參考和依據。

1.2 研究思路與研究方法

1.2.1 研究思路

針對中國女性董事如何影響公司治理的問題，結合「提出問題—分析問題—解決問題」的研究邏輯，本研究主要從以下方面對該問題進行探討：①文獻綜述部分。對國內外文獻進行總結評述。由於目前國內外直接研究女性董事對公司治理的影響的文獻並不是很多，所以本研究首先梳理關於女性高管相關文獻，再進一步具體介紹女性董事對公司治理的影響相關文獻。其次逐步梳理高管薪酬、現金股利、關聯交易的相關理論和實證研究，並且綜述公司治理對高管薪酬、現金股利、關聯交易的影響的相關文獻。最後結合女性董事的特徵，分析女性董事通過改善公司治理及董事會治理，可能對高管薪酬、現金股利、關聯交易產生的影響。②理論基礎部分。結合研究主題，整理女性董事相關的理論基礎。委託代理理論介紹了股東和經理人之間的委託代理成本以及大股東和小股東之間的委託代理成本，解釋了董事會在公司治理中的核心作用；公司治理機制理論介紹了內部控制和外部控制兩個方面對公司治理的作用機制，為下文從這兩個方面研究女性董事對公司治理的影響提供理論準備；高階理論強調了高管團隊的異質性對公司戰略決策和績效價值的影響；資源依賴理論闡述了不同背景的高管承載的不同資源，對企業的發展產生重要作用；個體認知局限性理論解釋了女性和男性在認知方面的差異性，強調了女性在管理崗位上能夠彌補男性高管的劣勢。這些理論為後面具體研究董事會性別多元化對高管薪酬、現金股利、關聯交易的影響做了充分的理論準備。③實證部分。使用中國上市公司的經驗數據實證檢驗女性董事對公司治理的影響。由於公司治理機制包括內部控制系統和外部控制系統，並且二者形成一個體系，相輔相成。因此，本研究從內到外，逐步分析女性董事對公司治理的影響。其中，基於委託代理理論，從公司內部控制系統的角度，本書主要研究女性董事對股東和經理人之間的委託代理成本的影響，以及對大股東和中小股東之間代理成本的影響。激勵機制和約束機制是公司內部治理的兩個重要組成部分，本書通過探討女性董事對高管薪酬的影響來研究女性董事對內部控制系統中的激勵機制

的影響；通過探討女性董事能否限制經理人濫用自由現金流而增加發放現金股利來研究女性董事對公司內部控制系統中的約束機制的影響。通過研究女性董事對高管薪酬和現金股利的影響，本書試圖研究女性董事對第一類代理問題——股東和經理人之間的代理問題的影響。大股東治理也是公司內部治理的重要研究部分，研究女性董事對關聯交易的影響可以探討女性董事是否能夠約束大股東和經理人合謀掠奪上市公司利益，從而緩解上市公司第二類代理問題——大股東和中小股東之間的代理問題。以上研究主要從高管薪酬、現金股利、公司關聯交易角度研究女性董事對公司內部治理的影響。④全書的總結。通過總結全書的研究成果和結論，指出研究的不足和未來可以改進的方向，並提出相關的建議。本書的研究框架如圖1.4所示。

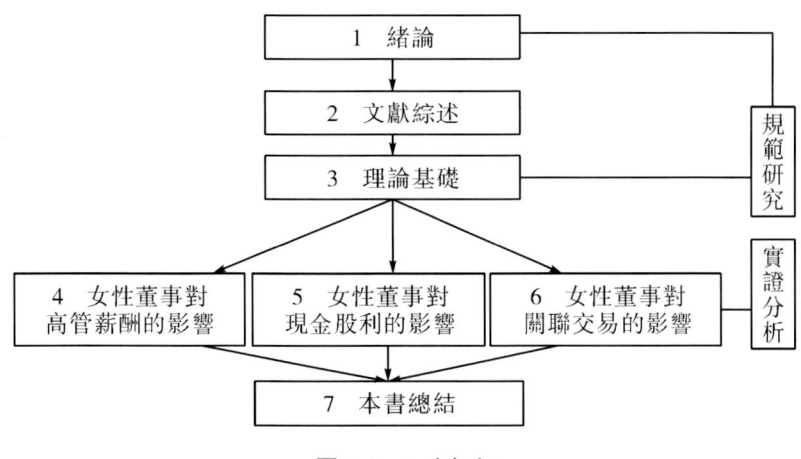

圖1.4　研究框架

1.2.2　研究方法

本研究主要採用規範研究和實證研究兩種研究方法，對各個子問題進行定性和定量分析。首先，採用規範分析中的歸納演繹方法，對中國上市公司中董事會性別結構對公司治理的影響進行分析。在公司內部治理方面，結合公司治理委託代理理論和女性相對於男性在管理崗位上的「稟賦」觀點，針對上市公司比較突出的內部代理問題，即高管薪酬、現金股利、關聯交易，通過規範分析，得出女性董事對它們各自的影響。其次，透過提出假設，收集數據，建立模型，估計模型，實證檢驗女性董事對公司內部治理的影響，並最終得出結論。通過規範研究和實證研究相結合的方式，實現理論和實證相互支持。從具體章節來看，本書的第1章、第2章、第3章採用規範研究，以公司治理理論

為核心，結合女性的性別特徵在管理上的「稟賦」，針對當前上市公司主要出現的代理衝突問題，定性分析女性董事對高管薪酬、現金股利、關聯交易可能產生的影響，並在第 8 章針對本研究的結論提出建議。第 4 章、第 5 章、第 6 章主要採用實證研究。實證研究是在規範研究的理論基礎上進一步詳細研究女性董事對各個代理衝突問題的影響展開的。實證研究中用到的數據主要來源於 CSMAR（中國股票市場交易數據庫），並利用 Stata 軟體，採用 OLS、Probit、Heckman 等統計分析方法，對女性董事對公司治理的影響從多個角度進行研究。

2 文獻綜述

董事會的特徵、公司治理和公司績效一直是理論界的研究熱點。董事會特徵主要包括董事會的規模、董事會內部領導結構、董事的獨立性、董事會會議的頻數、董事持股狀況。國內外很多文章研究這些因素對公司治理的影響，但是目前研究董事會的性別多樣化對公司治理的影響的文獻並不多。本章從董事會性別多樣化的研究背景入手，先單獨梳理女性董事的「稟賦」在公司治理中的作用，然後分別梳理董事會特徵對高管薪酬、現金股利、關聯交易的影響。每部分最後結合女性董事的「稟賦」，分別分析女性董事可能對高管薪酬、現金股利、關聯交易產生的影響，對綜述內容進行簡要總結。

2.1 董事會性別多樣化的研究背景

2.1.1 女性的性格特徵及其對管理的影響

女性被定義為區別於男性的人類，用來表示生物特徵區分，也作為文化特徵的區分。在人類社會文化中，女性長期是受歧視的群體。在大部分人類社會中，權力都集中在男性身上，男性主導地位和女性被主導地位對各個社會的歷史、文化、經濟都產生了重大影響。近代以來，女權主義者一直為爭取女性基本的權利而努力鬥爭。《聯合國憲章》中將男女平等同基本人權、人格尊嚴與價值、大小各國平等並列重申，多國法律也明確了女性擁有和男性平等的地位。女性逐漸被適合的職業崗位所接受。因此，越來越多的女性走出家庭，開始自己的職業生涯。國際勞工局《2000年世界勞動報告》指出，女性就業率從1980年的37.4%增長到1995年的60.1%，到2000年全球女性就業率高達60.7%；中國女性同時期的就業率高於世界平均水準，在1980年即達到75.5%，到2000年達到了80%。但是受傳統觀念的影響，女性在職業發展中與男性地位不平等的現象仍然存在。2001年新華網題為《調查報告顯示：婦

女擔任大企業高級職務者甚少》的文章指出：全世界15~54歲婦女中，雖然職業女性越來越多，但只有20%的女性成為經營管理方面的領導人，而只有3%的婦女能成為大企業的最高級領導人。2016年的《國際商業問卷調查報告》顯示，即使在經歷了女權主義者多年鬥爭後的今天，全球女性董事比例的平均水準也僅為17%，不到20%。針對女性就業，往往存在一層看不見又衝不破的「玻璃天花板」，女性往往需要付出數倍於同等職位的男性的努力。因此，女性就業形勢仍然很嚴峻，女性想要躋身大型企業的高級管理層更加困難。隨著心理學和社會學的發展，女性管理者以往被忽視的「稟賦」越來越受到重視，更多學者開始重新審視職場中的女性優勢。受女性和男性在先天與後天上的差別的影響，女性在管理者崗位顯現出和男性不同的個人特徵，男女的管理風格存在差異。首先，和男性管理者相比，女性管理者更有耐心，更堅韌，自制能力更強。這樣的個性特徵是有生理原因的。生理上，女性比男性總能量代謝少30%左右，受雌性激素影響，女性比男性身體脂肪多，因此女性比男性更加抗饑餓，更加有忍耐力。這樣的生理特徵讓女性在工作中更加有耐心。在現實工作中，女性管理者比男性管理者更加有毅力和持久力，在面對繁瑣工作的時候，女性管理者更加有耐心去積極解決；面對困難挫折的時候，女性有更強的自控能力，不易受局部困難的困擾，更能專注於企業長期利益。其次，女性高管表達能力更強，更加善於溝通合作，更加富有同情心。心理學研究發現，女性天生比男性觀察能力更強，有更敏銳的感知能力，並且能更適當地表達自己的觀點。而管理者崗位就需要良好的觀察、溝通能力。女性管理者在領導和管理崗位上能充分發揮她們高水準的人際交往才能，並且在面對衝突的時候能使用更加靈活和包容的方法解決矛盾。女性管理者還更富有同情心，能更耐心地傾聽員工的想法，設身處地為他人考慮。因此，女性管理者通常能通過說服、感化的方式達到管理目的，這樣的管理方法比通過單純的強制措施懲處的管理方法更加容易被接受。最後，從心理學理論研究來看，和男性相比，女性在行為上更加保守謹慎，更加厭惡風險。這是男女之間的生理差異和社會文化差異造成的。Zuckerman（1994）研究發現，從生理上來說，女性體內產生的影響風險決策的單胺氧化酶比男性更多。因此，在面對風險的時候，女性比男性的承受能力更弱。Laborde（1994）認為，女性由於在家庭中承擔生育和哺乳的角色，為了保護子女，她們更加厭惡風險。Hersch（1996）認為，由於女性壽命預期比男性壽命長，女性在行為上過度冒險可能會有更大的機會成本，會導致更大的損失。Slovic（1966）從社會文化方面來解釋男性和女性對風險的態度。本書認為，社會對男性和女性的期望是不同的，社會期望

男性承擔更多的風險，因此男性相比於女性，更加容易表現出過度自信，更加不重視風險。Graham 等（2002）認為，女性和男性在信息處理方法上有區別，女性更傾向處理能夠得到的全部信息，而男性在處理信息時更傾向於選擇能支持自己習慣行為的信息線索。因此，男性在處理信息中有選擇性偏誤，而女性在做決策的時候會考慮更多、更全面的風險因素。Stinerocka 等（1991）從行為金融學的角度研究發現，面對風險的時候，女性更加敏感，風險偏好更低，對財務決策表現得更加謹慎。女性的性格特徵會對女性管理者在管理崗位上的管理風格產生影響。首先，和男性管理者相比，女性管理者不過度自信，厭惡風險，因此過度投資的可能性更小。Bengtsson 等（2005）發現，男性比女性更加容易表現得過度自信。Peng 和 Wei（2007）用美國標準普爾公司的樣本研究發現，由於女性管理者比男性管理者更加不容易過度自信，因此和男性高管相比，女性高管對投資性現金流的敏感性更低。Martin 等（2009）研究發現，公司任命女性 CEO 後風險顯著降低。鑒於女性高管厭惡風險的特徵，他們進一步的研究還發現，風險越大的公司越有可能任命女性 CEO。女性管理者規避風險的意識使她們的決策更加穩健，風險更小。有學者研究了女性高管對 IPO（首次公開募股）和併購的影響。Levi 等（2008）通過研究 1997—2006 年 400 多起併購案例，發現 CEO 為女性的公司其併購溢價顯著低於 CEO 是男性的公司的併購溢價，並且，當女性董事比例更大，或者女性董事為獨立董事的時候，公司的併購溢價更低。Huang 和 Kisgen（2013）發現，當女性是公司的財務總監的時候，公司會更加謹慎面對債務融資和股權併購。其次，和男性管理者相比，女性管理者更加注重信息披露，提高公司的信息透明度。由於女性天生比男性觀察能力更強，有更敏銳的感知能力，因此女性更容易察覺虛假信息。Gul 等（2011）發現，女性董事對事物的觀點和信息會被帶入董事會中，因此女性董事使公司信息披露更加詳細，提高了董事會的監督質量。他們的研究顯示，女性董事比例和公司的股價信息含量存在正向相關關係，而公司治理弱的公司女性董事對股價信息含量的正向作用更大。由於盈餘管理通常需要管理層隱藏信息，所以女性管理者更不可能實施盈餘管理。Krishnan 和 Parsons（2008）用美國公司的樣本，採用配對分析的方法，發現女性高管越多的公司，公司的盈餘質量越好。Francis 等（2009）同樣用美國的數據研究了女性 CFO 替換男性 CFO 後公司的會計穩健性，結果顯示替換成女性 CFO 後公司的財務狀況更加穩健。Yu 和 Lord 等（2010）的研究也發現，女性 CFO 對盈餘管理更加謹慎。再次，女性管理者更加有社會責任感。由於傳統社會女性在家庭中扮演母親和妻子的角色，在教育孩子方面更懂得妥協、說服、教育的藝術，

所以管理層的女性天生比男性有更多危機處理技巧，並且對上下級、用戶和社會有高度的責任心。因此，對內，女性管理層在做決策的時候會關注更多中小投資者的利益和普通員工的福利。女性管理者更關注員工的實際困難，如育兒問題、在職休假等。對外，女性管理層也關注企業的決策對環境是否有危害，對社會是否有危害。女性管理層比男性管理層在慈善事業上有更突出的表現。Williams（2003）用美國 185 家公司作為樣本研究發現，女性董事比例越大，公司的慈善捐贈水準越高。最後，女性管理層更多採用柔性管理。女性更偏向於採用民主型和參與型的領導風格，通過尊重員工自我價值、與員工分享企業的權力和諮詢的方式，獲得員工更多的信任和信心，使企業內部信息溝通更加通暢，提高企業的運作效率。在面對員工的不良行為的時候，不同於男性管理者偏好的嚴懲措施，女性管理者更多通過包容、誘導、觸動的方式，感化員工。女性管理者的這些性格特徵將影響她們在公司中的決策，尤其是女性高管的偏好，將對公司發展產生重要影響。

2.1.2 女性高管對公司價值的影響

關於女性高管的研究還有一部分重要的文獻是對女性管理層和企業價值的關係的研究。截至目前，已有文獻觀點並沒有達成一致，有的文獻認為女性高管對公司價值產生正向影響，也有的文獻認為女性高管對公司價值不產生顯著影響，甚至產生負向影響。資源依賴理論認為，女性高管增加了高管團隊的異質性，增加了公司價值。Adler（2001）用美國公司的樣本，使用收入利潤率、資產收益率和淨資產收益率作為衡量公司盈利能力的指標，結果發現，女性升職記錄良好的公司比其他公司的盈利能力高。還有部分學者認為，由於團隊的人口統計學特徵差異會降低團隊凝聚力，少數派影響團隊決策的可能性很低（Westphal 和 Milton，2000）。因此，女性高管可能對公司價值不產生顯著的影響。Carter 和 Wagner（2011）用美國上市公司的數據研究實證結果發現，女性董事和公司價值不存在顯著的相關關係。還有文獻認為，女性的風險規避意識使她們不太強調積極的增長模式，在企業發展初期，女性管理者會使用更少的外部融資，減少舉債，從而減少公司債務風險；而在企業高速發展的時候，女性管理者採用謹慎穩定的擴張策略會錯過很多發展機會。因此，女性高管甚至會對公司價值產生負向的影響。Lee 和 James（2007）用事件研究的方法，發現任命男性 CEO 比任命女性 CEO 的市場正向反應更加顯著。

2.1.3 女性董事的相關研究文獻

外國文獻對女性高管通常有四種定義：女性 CEO、女性 CFO、女性董事、

所有女性高管。大部分研究女性高管的文獻集中於對前兩者進行的研究，而通常將女性董事排除在外，因為女性董事和女性 CEO、女性 CFO 對公司治理的影響機制不同。但近年來女性董事在公司治理中的優秀表現越來越引起重視，學術界開始關注研究女性董事，如 Carter 和 Simkins 等（2003），Adams 和 Ferreira（2009），Gul 等（2011）就研究了女性董事對公司治理的作用。目前，對女性董事的研究主要有三個角度：其一是研究影響女性董事存在的因素，其二是研究女性董事對公司治理的作用，其三是研究女性董事對公司績效的影響。文獻指出公司特徵和董事會特徵是影響女性董事存在與數量的重要因素。Harrigan（1981）通過對美國上市公司進行問卷調查發現，公司存在女性董事的可能性隨著公司的規模增大而增大，同時，公司的中層女性經理人員比例和公司存在女性董事的可能性成正向相關關係。除了問卷調查，還有學者通過實證分析影響女性董事存在的因素。Carter 和 Simkins 等（2003）用美國公司的數據，在設定了董事平均年齡、CEO 與董事是否兩職兼任等變量後，發現公司規模越大或者公司董事會規模越大，女性董事比例越大，而當內部董事增加的時候，女性董事比例減小。Farrell 和 Hersch（2005）同樣用美國公司的數據，研究了公司新增加女性董事的影響因素。他們發現，公司董事會中已有女性董事人數越多，公司增加新的女性董事的可能性越小。女性董事所占比例一直在上升，但是女性成為董事需要付出的努力比男性仍然高很多。Kanter（1977）發現，公司領導傾向於聘請與自己有相同或相似特徵的職員。因此，男性董事更有可能提名男性作為新的董事會成員。Bilimoria 和 Piderit（1994）研究不同性別的董事在董事委員會中的任職情況，發現男性董事更受薪酬委員會、執行委員會的偏愛，而女性董事更受公共事務委員會的偏愛。

　　隨著董事會異質性對公司治理的作用越來越受到重視，女性董事對公司治理的作用也引起了學術界的關注。董事會的性別多元化成為公司治理準則的重要議題。人的認知能力按照年齡、性別等特徵系統分布，個人的認知能力總是有限的。因此，在做決策的時候，董事會將自身的某些「偏好」帶入其中。全部由男性構成的董事會的決策會傾向用男性的「偏好」影響公司的發展。良好的董事會結構需要集思廣益，綜合多方面的觀點，形成科學的決策，董事會的多元化有利於董事會對決策項目做出全面科學的評估。董事會性別多元化是針對單一性別的決策具有局限性做出的有效應對。Zelechowski 和 Bilimoria（2004）就發現，由於女性董事與男性董事在思想和行為上有不同的「偏好」，對事物有不同的領悟和反應，董事會性別多元化能夠為決策提供不同的視角。Fondas 和 Sassalos（2000）也認為，治理良好的公司需要科學決策，而同質的

董事會成員常常會思想趨同，多元化的董事會能夠對決策做出更加全面的評估。Shrader 等（1997）發現女性董事可以提升團隊決策質量，因為她們為董事會決策提供了多元化視角。性別多元化的董事會和只有男性的董事會相比，更能發揮女性高管的優勢。

董事會主要通過制定經理人的激勵約束機制、監督經理人的行為、制定公司發展戰略這幾種方式影響公司治理。因此，具體來說女性董事會在以下幾方面對公司治理產生影響。

女性董事會對公司的激勵機制產生影響，主要是指女性董事會影響董事會對高管薪酬契約的制定和薪酬契約的執行。管理層權力理論認為，當高管權力太大，董事會的獨立性受到影響的時候，高管可能直接參與制定自己的薪酬契約，或者影響董事會制定薪酬契約，這樣產生的薪酬契約反而成為代理問題的一部分。高管超額薪酬以及高管薪酬與業績之間的敏感性偏低都是嚴重的代理成本。女性董事可以改善董事會治理，影響公司的激勵機制，降低高管薪酬引致的代理成本。Adams 和 Ferreira（2009）發現，女性董事比例高的企業更傾向於為高管設計更高比例股票激勵的薪酬契約，使高管薪酬與業績的敏感性更高。有女性董事的公司不僅對內部有激勵作用，對外部勞動力市場也釋放出更多男女雇員都會得到公平發展機會的訊號（Sealy et al.，2008）。因此，女性董事不僅能吸引內部的女性職工繼續在企業工作，同時也吸引外部的女性求職者（Bilimoria 和 Piderit，1994）。

女性董事可以改善公司董事會的監督效率。Adams 和 Ferreira（2009）通過研究美國公司的數據發現，董事會中女性董事參加會議的記錄更好，並且董事會中男性董事參加會議的出勤率與董事會中女性董事的比例高低成正比。Mishra 和 Nielsen（2000）通過分析挪威 200 多家公司的數據，發現女性董事比例的高低與公司的戰略管制和日常經營控制成正比。通過加大對經理人的監督力度，女性董事能夠降低經理人隱藏信息的可能性，減少經理人與投資者之間的信息不對稱。Gul 等（2011）發現，董事會的性別多元化能夠增加公司股價信息含量，改善公司治理水準。多元化的董事會能代表更多人的利益，在做決策的時候能夠更加公平公正。利益相關者理論認為，當團體對部分人群的代表性偏低的時候，團體的決策會對這部分人群不公平。良好的董事會治理會體現不同利益相關者的利益訴求，這需要董事會遵循機會平等和代表性平等的原則。Barke 等（1997）注意到了董事會代表性缺失的特徵，他主張公司應該把實現董事會代表性公平作為實現股東利益最大化的手段和公司的理想目標。董事會的多元化能讓董事會更好地代表不同利益相關者的利益，從而更好地體現

董事會決策的公平公正。當公司董事會全部由男性組成的時候，董事會不能公平代表女性職員和女性顧客的需求，公司會受到利益相關者的質詢。Adams 和 Ferreira（2009）認為，女性董事還可以為董事會帶來新觀點和看法。多元化的董事會能使董事會更全面地考慮問題，促進公司成員之間的合作，更加有利於協調好公司各成員之間的利益關係。

  公司治理與公司價值緊密相關。有文獻研究了女性董事對公司價值的影響，但對女性董事和公司價值之間的關係並沒有得到一致的結論。機構投資者認為董事會的多元化程度能體現公司治理是否良好，因此董事會多元化的企業更受機構投資者的偏愛。Carter 等（2003）研究發現，女性加入董事會能夠讓董事會多元化，進而提升公司的價值。Erhardt 等（2003）用美國 127 家公司的數據研究發現，公司的投資收益率和總資產收益率與公司董事會中女性的比例呈顯著的正相關關係。Carter 等（2003）運用兩階段最小二乘法控制內生性後，也發現女性董事比例與公司價值存在顯著的正相關關係。Carter 和 Wagner（2011）研究也發現，女性董事對公司的銷售收益率和淨資產收益率、投資收益率都存在正向的相關影響。Smith（2006）用丹麥公司的數據研究發現，女性董事顯著提升了公司的效益，並且女性董事對公司效益的影響程度受女性董事的素質影響。雖然女性董事能加強對經理人的監管得到了大部分文獻的支持，但是關於女性董事對公司績效的影響的結論分歧比較大，有的文獻認為女性董事提升了公司績效，有的文獻認為女性董事對公司績效不存在顯著的影響，還有的文獻認為女性董事對公司績效有消極影響。Adams 和 Ferreira（2009）利用美國上市公司的數據，發現在控制內生性後，雖然女性董事對公司治理水準產生了正向影響，但是女性董事也降低了公司的價值，而這樣的負向影響在弱公司治理環境中更小。這與 Almazan 和 Suarez（2003）的研究發現一致，他們認為女性董事在治理良好的公司中會造成過度監管，這樣的過度監管對於治理良好的公司來說反而會產生不利影響，進而降低企業的價值。

2.2　高管薪酬的影響因素

2.2.1　高管薪酬的相關理論

  委託代理理論認為，在代理人和委託人之間存在利益衝突與信息非對稱的情境下，薪酬作為委託人與代理人之間的契約，規定代理人按照委託人的意願為其提供服務並取得相應報酬（Jensen 和 Meckling，1976）。委託人和代理人

之間制定契約的前提有兩個：首先，委託人和代理人都必須為「經濟人」，他們的目的都是最大化自身利益；其次，雙方的信息不對稱，代理人擁有委託人不能獲得的「私人信息」。雙方都期望以最低個人成本獲得最大個人利益。委託人希望代理人能夠努力工作，使股東的價值最大化；而代理人希望通過降低工作時間增加閒暇，同時獲得更多經濟利益，來實現自己的利益最大化，有些情況下甚至以犧牲委託人的利益來最大化自身利益。

為了解決委託人和代理人之間的利益衝突，在委託代理理論的基礎上有效激勵代理人，使企業價值最大化，並且使代理成本最低，衍生出高管薪酬的最優契約理論和管理層權力理論。最優契約理論強調委託人和代理人雙方利益共贏，在提升企業業績和增加股東價值的基礎上，同時提升高管的個人效用。委託代理理論認為為了解決代理成本問題，股東需要採取監督和激勵兩種手段。從監督角度來說，股東需要支付一定的報酬來聘請獨立的第三方規範高管，但是這樣的結果還不如直接加強對其的激勵有效果。高管薪酬的最優契約理論認為，薪酬契約能有效減小高管和股東的代理衝突，降低代理成本。由於信息不對稱，高管的努力程度難以衡量，對其的監督成本又太高，因此，Jensen 和 Murphy（1990）研究發現大部分企業將業績作為高管的努力程度的衡量指標，設計出與企業業績掛勾的薪酬契約，從而使股東和經理人的利益趨於一致化，降低股東和經理人之間的代理成本。Bebchuk 等（2002）通過深入分析最優契約理論，認為最優契約理論的假設前提是，首先董事會能夠有效談判；其次，市場能夠起到有效的約束作用；最後，股東可以行使權力。然而在現實中，由於企業股權分散，股東對管理者的監督力量不足，而外部市場力量對管理層的約束作用很小，所以管理層有可能憑藉自身權力影響董事會的決策，導致董事會失去應有的獨立性。這時候，最優契約理論不再成立。這時的高管薪酬不僅不能有效激勵代理人，反而會成為代理問題的一部分。由此，Bebchuk 等（2002）提出了管理層權力理論。高管薪酬的管理層權力理論對高管薪酬的最優契約理論提出了挑戰。高管薪酬的管理層權力理論認為，高管可以規避董事會的監管，利用自身的權力，影響董事會制定薪酬或直接參與到制定薪酬的過程中。高管的權力越大，高管通過薪酬攫取利益的可能性越大，此時，薪酬成為代理成本的一部分。Hermalin 和 Weisbach（1998）認為，高管可以干預股東對董事會成員的提名和任命，選擇更符合自身利益的董事會成員。董事會成員並不能真正代表所有股東的利益，董事會可能出於對高管工作的支持和企業長期發展的考慮，避免和管理層起衝突，從而放鬆對管理層的監管；還有可能董事會和經理人之間存在信息不對稱與監管成本變化，這些因素都造成董事會並

不能有效監管經理人的行為。高管薪酬的管理層權力理論還認為，最優契約理論中市場能夠有效約束的假設並不總是成立。最優契約理論認為，當管理層侵害股東利益的時候，股東可以通過在股東大會投票反對，或者對董事會提出抗議，或者向法院起訴，來約束經理人的行為。但法律法規對高管的權益進行了很好的保護，即使企業經營失敗，立即辭退高管也會支付很大一筆賠償費，並且，高管辭退的負面信息會向市場傳遞不良信號，影響公司價值。因此，經理人市場約束經理人的行為是有限的。管理層權力理論還認為，最優契約理論中股東能行使權力有效約束高管的假設也並不總是成立。實際中，股東很難對董事會制定薪酬契約時違背公司章程的行為進行取證；而法院工作人員不熟悉薪酬契約的設置背景，缺乏實踐、知識、精力來判斷薪酬契約的合理性，因此，通過股東權力來監管經理人的行為也不總是可行的。

高管薪酬管理層權利理論的提出具有重要意義和價值，它為我們從高管權力、公司治理對管理層權力的約束角度分析高管薪酬提供了理論基礎。但最優契約理論和管理層權力理論並不衝突。它們的假設前提不同，因此得出的結論也不同。最優契約理論強調高管薪酬建立在委託人和代理人雙方利益最大化的基礎上，通過有效的薪酬契約緩解代理問題，並且通過薪酬激勵機制控制消除經理人權力擴大化帶來的影響。而管理層權利理論從外部市場非有效監督、公司內部監督非有效的假設出發，有利於拓寬對高管薪酬的研究角度，使更多學者通過考察公司董事會的監督是否獨立有效、外部市場約束力量是否有效等角度，研究高管薪酬對股東和公司價值的影響。

2.2.2 高管薪酬的實證研究

研究高管薪酬的實證文章很多，包括從超額薪酬、在職消費、薪酬差距、薪酬業績敏感性等角度來研究高管薪酬。管理層權力理論認為，當管理層沒有受到有效監督時，管理層容易利用自身的權力參與或者影響薪酬契約的制定，從而獲得超額薪酬。Bebchuk 和 Grinstein（2005）研究影響高管薪酬增長的因素，結果發現，高管權力解釋了大部分 CEO 薪酬的增長。盧銳（2008）、王克敏和王志超（2007）等用中國的數據研究發現，高管權力越大，能獲得的薪酬越高。權小鋒等（2010）研究發現，高管權力越大，地方國有企業高管的超額薪酬越高。高管權力是否受到有效約束還影響高管薪酬業績敏感性。高管薪酬業績敏感性指相對於業績的變化幅度，高管薪酬的變化幅度的大小。最優契約理論認為，董事會可以制定使高管薪酬和公司業績掛勾的薪酬契約，使經理人和股東的利益趨於一致。高管薪酬業績敏感性是衡量高管薪酬契約有效性的

重要依據。Sloan（1993）的研究發現高管薪酬業績敏感性確實存在，杜興強和王麗華（2007）用中國的數據也驗證了中國資本市場上高管薪酬業績敏感性也是存在的。

除了研究高管薪酬和絕對業績的關係，Holmström（1982）也研究了相對業績評價與高管薪酬之間的關係，胡亞權和周宏（2012）用中國上市公司的樣本，也發現公司的相對業績越高，高管薪酬越高。然而，在管理層權力大的企業，當企業業績下降的時候，高管為了自身利益，直接影響董事會制定薪酬業績敏感性低的契約或者並不嚴格按照薪酬契約執行，依然領取高額薪酬。高管薪酬業績敏感性低也是股東和經理人之間的重要代理問題。高管薪酬的不合理還體現為高管和員工之間的薪酬差距增大。盧銳（2007）發現，管理層權力越大，高管與員工之間的薪酬差距越大。方軍雄（2011）研究發現，高管權力大的企業存在薪酬尺蠖效應，即在企業業績上升的時候，高管薪酬增加幅度大於普通員工薪酬增加幅度；而當企業業績下降時，高管薪酬下降幅度小於普通員工薪酬下降幅度。薪酬尺蠖效應也增加了高管和普通員工之間的薪酬差距。高管薪酬黏性是研究高管薪酬的另一個關注點。高管薪酬黏性是指高管薪酬業績敏感性和業績之間存在非對稱關係。方軍雄（2009）發現，當企業業績上升的時候，高管薪酬上升，高管薪酬業績彈性大；而當企業業績下降的時候，高管薪酬並沒有下降，或者下降幅度小於業績上升時期薪酬的上升幅度。高管的權力影響高管薪酬黏性。盧銳等（2008）用兩職兼任、高管任期、股權分散度來衡量高管權力，發現在高管權力大的企業，高管薪酬與盈利業績之間敏感度高，而與虧損業績敏感度低。

董事會的重要作用之一就是制定和實施經理人薪酬契約。董事會的有效監督能約束經理人的權力，減少經理人對薪酬契約的影響。Chhaochharia 和 Grinstein（2009）研究董事會的監督力度和高管薪酬的關係，結果發現，董事會對高管監督力度越大，高管薪酬水準越低。Chhaochharia 和 Grinstein（2009）發現，董事會中薪酬委員會的成立以及增加薪酬委員會的獨立性，一方面能夠降低高管薪酬水準，另一方面能夠提高高管薪酬業績敏感性。董事會對公司治理的作用取決於董事會相對於高管的獨立性。Fama（1980）認為，為了保證高管薪酬契約的合理，應當讓外部董事來決定高管薪酬，因為外部董事相對來說更加獨立，受高管影響更小。高管薪酬也受董事會獨立性的影響。Ozkan（2007）研究發現，由於獨立董事持股能增強獨立董事監督經理人的動機，獨立董事持股比例增加能減少 CEO 的超額薪酬。羅進輝和杜興強（2014）發現，明星獨立董事在不同所有制的企業中對高管薪酬契約的作用不同，受薪酬管制

影響，國企的明星獨立董事對高管薪酬業績敏感性並沒有發揮作用，而在沒有薪酬管制的民營企業中的明星獨立董事提高了高管薪酬業績敏感性。不僅股東和管理層的代理衝突對高管薪酬契約有影響，大股東與中小股東之間的代理衝突對高管薪酬契約也有影響。劉善敏和林斌（2011）發現，由於所有權和控制權的分離，大股東有動機對企業利益進行「掏空」，這將導致企業業績下降，如果存在高薪酬業績敏感性，高管薪酬減少，高管將沒有動機和大股東合謀。因此，大股東對上市公司的「掏空」行為降低了公司的高管薪酬業績敏感性。從文獻來看，弱公司治理可能使高管更有動機通過薪酬牟取私利，而良好的公司治理可以約束高管通過薪酬牟取私利的行為。從董事會治理來看，文獻主要研究董事會的獨立性對高管薪酬的影響。目前，國內很少有文章系統研究董事會的性別多元化對高管薪酬的影響。但郭科琪（2014）用中國的數據研究，結合最優契約理論和管理層權力理論分析發現，上市公司女性董事確實能夠約束高管的超額薪酬。

2.3 現金股利政策的影響因素

2.3.1 傳統的股利政策理論

現金股利政策理論包括傳統股利政策理論和現代股利政策理論。

「一鳥在手」理論和股利無關理論以及稅差理論都是傳統的股利政策理論。「一鳥在手」源自「百鳥在林不如一鳥在手」的諺語。受股票市場波動較大的影響，大部分投資者都是風險厭惡型，相比於留存收益再投資可能獲得的未來更高風險和更大的收益，他們更偏好股利收益帶來的當前可靠的較少的收益。當公司支付更高的現金股利時，和未來不確定的投資收益相比，到手的股利風險更低，因此投資者可以降低必要報酬率，公司股票價格上升，反之，公司股票價格下跌。因此，「一鳥在手」理論認為，公司支付的現金股利與企業價值存在正相關關係。1961年，美國的莫迪利安尼和米勒在《股利政策、增長和股票價值》一書中首先提出了股利無關理論，又稱MM理論。他們認為，給定企業投資決策的情況下，企業的價值完全由企業的資產盈利能力確定，而和企業的股利支付率並不相關。MM理論的基本假設是完全市場理論，即資本市場是強有效率的，股票現行市價完全反應了公開或未公開的信息；市場是沒有交易成本的；企業發行證券沒有籌資成本；不存在個人和公司所得稅；投資決策與股利決策相互獨立。由於這些基本假設在現實經濟中不存在，有學者提

出了股利有關論，如稅差理論。稅差理論放寬了 MM 理論的無稅收的假設。股利收入應繳納的股利所得稅與資本利得稅不同，因此，不同的股利政策對投資者的稅後收益產生不同的影響。當資本利得稅低於股利所得稅時，通過延遲實現資本利得，投資者可延遲繳納資本利得稅。稅差理論的結論是股利支付率越高，股票價格越高；股利支付率越高，公司的權益資本成本越高。傳統的三種股利政策理論主張的股利政策的區別在於，「一鳥在手」理論主張高股利，稅差理論支持低股利，而股利無關理論認為股利是無關的。

從 20 世紀 60 年代「一鳥在手」學派與 MM 理論為首的股利無關理論之間的爭論，到 20 世紀 70 年代稅差理論和股利無關理論之間的爭論，理論界和實務界為解開「股利之謎」做了大量工作。隨後，發展出了現代股利政策理論。

現代股利政策理論包括股利追隨者效應理論、信號理論以及代理成本理論。最開始系統研究股利追隨者效應理論的是 Elton 和 Gruber（1970），該理論被認為是廣義的稅差理論。該學派認為投資者的稅收等級不同，富有的投資者稅收等級高，低收入的投資者或者養老基金這類投資者稅收等級低，稅收等級越高的投資者會偏好越低的股利支付率，以規避高等級的股利所得稅。不同投資者對待股利的態度不同，因而追隨的股票也不同。因此，根據對股利的不同偏好，投資者可以分為：股利偏好型、股利厭惡型、股利中性型。信號假說放鬆 MM 理論認為管理層和企業外部投資者存在信息不對稱，管理層擁有企業更多未來現金流、投資機會、盈利前景等內部信息。信息不對稱導致兩類代理問題：逆向選擇和道德風險。信號理論主要從逆向選擇角度研究股利政策。當市場存在逆向選擇問題的時候，擁有私有信息的一方設法將私有信息傳達給缺乏信息的一方，可以消除信息阻隔。管理層可以通過股利政策向外界傳遞內部信息。當管理層預計企業前景好，未來業績會增長的時候，企業發放現金股利會向外界傳遞企業業績看漲的利好信息；反之，企業維持甚至降低股利水準向外界傳遞了管理層預計公司發展前景不樂觀、利淡的信號。但是信號理論存在缺陷：其一，雖然信號理論很好地解釋了市場對增加股利做出正向反應，對減少股利做出負面反應的現象，但是代理成本理論同樣也能解釋這個現象；其二，信號理論很難解釋行業和國家之間股利的巨大差別；其三，信號理論不能解釋為什麼公司不採用成本更低的信息傳遞方式；其四，信號理論解釋不了高速成長企業的股利支付率普遍較低的現象。

2.3.2 現金股利的實證研究

Rozeff（1982）最早將代理成本理論應用於股利政策研究。和 MM 理論中

公司經營者與股東之間利益完全一致的假設不同，股利政策的代理成本理論認為經營者與股東之間的利益並不完全一致。現代企業制度中所有權與經營權相分離，所有者和經營者的目標是各自效用最大化，從而引發了代理成本。為約束代理人的行為，委託人一方面可以對代理人適當激勵，另一方面要求代理人保證不損害委託人的利益，或者損害行為確實發生了，委託人可以對代理人進行處罰。代理成本理論認為，支付現金股利就是解決代理成本問題的方式之一。首先，支付股利後，自由現金流減少，從而減少管理人員利用資金謀取自身利益的行為；其次，發放股利減少了公司留存收益，迫使公司尋求外部負債或權益融資來滿足新投資的資金需求，這意味著公司將接受更多、更嚴格的監督。雖然發放股利使公司需要追求外部融資提高了公司的交易成本，但股利支付也能降低代理成本，因此 Rozeff（1982）認為，公司股利發放率的確定需要權衡兩種成本，使總成本最低。隨著現金股利理論的發展，學術界從各個角度對股利政策進行了實證檢驗。總的來看，針對現金股利政策的影響因素的文獻主要分為公司特徵因素類文獻和公司治理因素類文獻。

　　影響公司現金股利的公司特徵因素包括資產規模、投資機會、當前的收益狀況和現金流狀況等，其中公司現金股利與公司的自由現金流量成正向關係。陳洪濤（2006）、易顏新等（2008）用中國上市公司的數據驗證了現金股利和自由現金流的正向關係。由於公司現金流受公司收益影響，Healy 和 Palepu（1988）發現現金股利隨著公司收益增長而增加，隨著收益減少而減少。Baker 等（2001）發現，當前的盈利是否穩定以及預期收益多少會影響股利政策。易顏新等（2008）用中國上市公司調查的數據也驗證了企業盈利水準與現金股利的正向關係。和小規模公司相比，大規模公司融資約束小，並且大公司大多處於成熟期，投資機會較少，因此大規模公司比小規模公司更傾向於發放現金股利。Eije 和 Megginson（2006）也驗證了這樣的結論。魏峰等（2007）、劉淑蓮和胡燕鴻（2003）利用中國上市公司的樣本，也驗證了公司規模與現金股利的正向關係。當公司成長能力強的時候，投資機會多，公司需要將利潤留存企業以滿足企業快速發展需求。因此，公司的成長能力與現金股利成反向關係。Rozeff（2006）、La Porta 等（2000）用 33 個國家上市公司的數據驗證了公司成長能力和現金股利的反向關係。Gugler（2003）發現公司的研究與開發支出與公司現金股利成反向關係。魏剛和蔣義宏（2001）用中國上市公司的數據同樣驗證了這樣的結論。現金股利政策還和公司的股權集中度與股權性質有關。Shleifer 和 Vishny（1997）認為，當公司的控制權和現金流權趨於一致的時候，大股東傾向於高派現，因為大股東通過現金紅利獲利的成本很低。黃娟

娟和沈藝峰（2007）用中國上市公司的數據實證發現，公司股權集中程度越高，發放現金股利的意願越大。黨紅（2008）用完成股權分置改革的公司的數據驗證了這個結論。而Fama和French（2002）研究發現，大股東和股利支付率之間存在U形關係，即當大股東持股比例低的時候，其持股比例和股利支付率呈負相關關係；而當大股東持股比例高的時候，持股比例與股利支付率成正相關關係。一般認為，機構投資者能更好地監督經理人的行為，避免經理人通過自由現金流攫取個人利益，因此，股利支付率與機構持股成正相關關係。Short等（2002）用美國上市公司的數據驗證了二者的負相關關係。魏剛和蔣義宏（2007）分析中國上市公司的數據，發現國家股和法人股持股比例與上市公司現金股利發放概率呈正相關關係。

　　除了公司特徵因素，公司治理因素也會影響現金股利政策。DeAngelo等（2006）發現，管理層可能通過濫用自由現金流攫取公司利益，而發放現金股利可以約束管理層濫用自由現金流。董事會特徵是公司治理研究的重要內容，董事會特徵會直接影響現金股利政策。安玉琢等（2009）利用中國上市公司的數據實證分析發現董事會規模越大，現金股利發放水準越高。李占雷和吳斯（2011）以中小板上市公司的樣本研究，同樣發現董事會規模與現金股利存在正向相關性。王冠敏（2008）研究發現董事會規模越大，公司現金股利穩定性越強。Fama（1980）認為獨立董事能夠減小高管和股東之間的代理衝突，董事會獨立性越高，公司代理成本越低。因此，公司董事會獨立性越高，越能減少高管濫用自由現金流進行過度投資，從而增加發放現金股利。馮慧群和馬連福（2013）用中國上市公司的數據，驗證了董事會獨立性與現金股利的正向相關關係。陳立泰和林川（2011）利用2003—2008年中國上市公司的樣本，分析發現董事會規模越大、獨立董事人數越多的公司會傾向於派發現金股利，而CEO與董事長兼任的公司有更小可能發放現金股利。他們還通過構建董事會特徵指標，驗證優秀的董事會更有可能派發現金股利。安玉琢等（2009）發現，獨立董事人數越多，現金股利分配意願越強。李占雷和吳斯（2011）研究發現，獨立董事人數越多，現金股利發放水準越高。但是多重獨立董事削弱了獨立董事對公司管理層的監管，管理層能更方便地操縱公司現金股利政策。Fich和Shivdasani（2006）發現多重獨立董事減小了公司支付現金股利的可能性。呂長江和周縣華（2005）研究發現，在中國資本市場上，董事會主席和監事會主席持股比例越高，公司支付的現金股利越多；公司獨立董事比較多的時候，公司傾向於支付更多股利。綜合文獻可見，公司治理對現金股利發放有重要影響，董事會的結構對現金股利的發放水準也有重要影響。目前從董事會

角度研究現金股利發放水準的影響因素主要關注於獨立董事的比例。文獻發現，獨立董事增加了董事會的獨立性，能更好地監督經理人的行為，防止經理人濫用自由現金流，從而提高了現金股利發放水準。從董事會的性別來研究現金股利政策的文獻國內外都不多。Byoun 等（2013）研究了董事會性別多元化對現金股利政策的影響，結果發現，和僅有男性董事會成員的公司相比，性別多元化的董事會發放現金股利的可能性更大，並且發放的現金股利水準也更高。目前針對中國資本市場女性董事對現金股利的影響的研究則還是空白。

2.4 關聯交易的理論及文獻綜述

2.4.1 關聯交易的相關理論

委託代理理論認為，當股權高度分散的時候，公司的代理成本主要是管理層和股東之間的代理成本。然而，研究現代公司治理結構發現，由於許多公司存在一個或者幾個股東可以直接控制或者影響公司的經營活動決策，股權分散的現象不再普遍。當公司的股權相對集中的時候，經理人和股東之間的代理成本不再是公司唯一主要的利益衝突，大股東與中小股東之間的利益衝突也成為重要的代理成本。大股東和中小股東之間的利益衝突被稱為第二類代理成本。控制權和現金流權分離是產生第二類代理問題的基本條件。在股權集中的企業，控股股東的控制權大於現金流權，控股股東可以很低的成本影響甚至控制公司的決策。控股股東有動機利用控制權將上市公司的利益輸送給自己，從而攫取自身利益，當然這樣的代價是犧牲公司的利益和其他股東的利益。當控股股東從輸送利益的行為中獲得的收益大於損失的時候，控股股東就會對公司進行「掏空」。大股東可以利用集中的控制權，採用非公平的關聯交易手段攫取公司利益。非公平的關聯交易使控股股東和廣大中小股東之間產生利益衝突，是控股股東侵占中小股東利益的結果。La Porta 等（2000）用內部人侵占理論來解釋關聯交易。他們認為，內部人可以通過以下方式侵占企業利益：第一，內部人可以通過直接偷取利潤攫取企業利益；第二，內部人以合法的形式，將企業的產品、資產以低於市場的價格轉移至他們控制的其他企業，這種行為雖然形式合法，但實際也是攫取企業利益；第三，內部人還可以通過轉移公司的投資機會，或通過自身權力讓親屬進入管理層位置並支付高額薪酬等方式來攫取企業利益。Johnson 等（2000）將內部人通過地下通道方式轉移資產的利益輸送行為稱為「隧道挖掘」。他認為，「隧道挖掘」可以有兩種表現形式：第

一，大股東可以通過自我交易的形式從企業轉移資源，包括資產銷售、債務擔保等；第二，大股東可以通過股票發行的方式稀釋其他股東權益，或者通過內部交易、漸進收購行為來反對中小股東的財務交易行為。關聯交易產生的原因有很多，主要包括效率觀點和機會主義觀點。效率觀點認為，關聯交易有節約交易成本的功能。關聯交易可以減少稅收，實現利潤最大化。跨國公司通常將關聯交易作為把收入從高稅率國家轉移到低稅率國家的工具，從而節約稅收，謀求利潤最大化（Fraedrich 和 Bateman，1996）。此外，和市場交易相比，關聯交易具有信息成本、監督成本、執行成本更低的優勢，尤其在中國目前很多上市公司是由集團公司以資產剝離方式產生的情況下，集團內部關聯交易的成本優勢愈加顯現。機會主義觀點則認為，關聯交易被濫用於大股東掠奪小股東的利益，濫用關聯交易的原因之一是缺乏保護中小股東利益的法律，外部力量對大股東的約束效果有限，大股東可以以極低的法律風險輸送利益，損害中小股東利益。除了外部法律約束，公司內部治理結構也會影響公司關聯交易。目前，已有文獻主要從公司股權結構、公司高管薪酬契約和公司董事會獨立性三個方面研究了公司治理對關聯交易的影響。

2.4.2 關聯交易的相關實證研究

控股股東可以通過多種手段使高管允許其掠奪公司利益，比如說，控股股東支付給高管超高薪酬，或者直接指派代表自己利益的人員進入管理層。Denis 和 McConnell（2003）認為，直接委派管理人員和進行關聯交易是控股股東攫取企業利益的兩種途徑。Kohlbeck 和 Mayhew（2004）研究發現，弱公司治理機制與關聯交易有關，他們認為關聯交易可能起因於受操縱的契約，由於高管和股東的契約不完全，關聯交易可能成為高管、董事和股東的部分補償薪酬。因此，不完全的薪酬契約變相激勵了高管、董事和股東進行關聯交易。他們研究發現，當 CEO 和董事的薪酬越高，公司的關聯交易越少；而 CEO 的股票期權越多，公司關聯交易越多。公司治理能否有效約束大股東對中小股東利益的侵占影響了公司的關聯交易。良好的公司治理機制能夠有效監督經理人和大股東，防止關聯方通過關聯交易從上市公司攫取利益。葉銀華等（2003）研究發現，在控股股東沒有兼任監事的上市公司，由於監事可以發揮獨立的監督作用，控股股東攫取公司利益的難度大，因此關聯交易更少。李增泉等（2004）用中國上市公司 2000—2003 年的樣本，研究關聯方資金占用的狀況。結果顯示，在第一大股東持股比例低的時候，控股股東資金占用隨著第一大股東持股比例上升而增加；而當第一大股東持股比例高的時候，控股股東資金占

用隨著第一大股東持股比例上升而下降；而其他股東的持股比例增加能顯著減少關聯交易的發生。劉峰（2010）研究也發現，大股東持股比例與大股東使用購銷關聯交易方式攫取公司利益的可能性正相關。關聯交易行為還和企業性質有關。由於國有企業除了經濟效益，還有很多社會責任，如解決失業等問題。Jian（2003）發現出於對地方政府工作的支持，地方政府作為控股股東的上市公司比非國有上市公司更傾向於利用關聯交易，而由十大會計師事務所審計的上市公司能有效減少這種關聯交易行為。李增泉等（2004）還發現，國有企業控制的控股股東對企業資金的占用高於非國有企業控制的控股股東。董事的獨立性也會影響公司關聯交易。Kohlbeck 和 Mayhew（2004）研究發現，董事會的獨立性增加，公司關聯交易的概率減小。Aharony 等（2010）研究發現，實行獨立董事制度的企業，IPO 後 1 年大股東對中小股東利益侵占的行為減少。封思賢（2005）的研究發現，獨立董事制度雖然不能顯著減少公司的關聯銷售，但是獨立董事制度能減少上市公司為控股股東提供擔保抵押的行為。唐清泉等（2005）研究也發現，董事會獨立性的增加有利於減少大股東通過關聯交易掏空企業的行為。葉康濤（2006）探討了關聯交易對代理成本的影響。他發現，關聯交易降低了高管薪酬與業績的相關性，高管努力提高企業績效的動機更小。黃世忠（2001）發現通過關聯交易輸送利益會直接降低會計信息質量。朱國民等（2005）的研究發現，上市公司與控股股東及其關聯方發生的關聯交易次數越多，上市公司的價值下降越多。

　　從以往文獻來看，現代公司制度的兩類代理問題都可能造成關聯交易。大股東的持股比例越大，由於大股東和中小股東之間的代理成本高，大股東可以利用自己的控制權力通過關聯交易攫取利益，企業進行關聯交易的可能性越大；當公司內部控制不能有效監管經理人，經理人和股東之間的代理成本高，經理人和大股東合謀，通過關聯交易攫取企業利益的可能性越大。因此，增強董事會的獨立性，加強董事會的監督力度，能夠減少經理人和大股東合謀侵害公司利益的行為。研究董事會對關聯交易的影響的文獻主要從董事會獨立性的角度入手，目前還沒有文獻將董事會的性別多元化引入關聯交易的研究中。

3 理論基礎

3.1 委託代理理論

　　委託代理理論起源於 Adolf 和 Gardiner（1932），他們提出了一系列有關公司治理的概念。而後眾多學者在這些的概念基礎上不斷深入拓展，形成豐富的公司治理理論體系。他們認為，隨著現代公司的誕生，人們以往關於財產權利和收益的假設不再成立，即在現代公司理論中，個人對收益利潤的期望並不能有效激勵個人有效率地使用擁有的任何財產。所有權和經營權的分離是現代企業的重要特徵，股東不再直接經營企業，而是將財產委託給經理人管理，股東只享受企業的盈利。因此，代理人的行為常常不能直接被股東觀察，代理人擁有高度的控制權，可以通過控制企業來攫取自身利益。Ross（1973）第一次正式提出委託代理關係這一概念，他認為，當管理者代表所有者執行公司一些決策權的時候，委託代理關係就產生了。委託人對代理人的工作能力、個人素質、風險偏好等信息都存在不對稱問題。委託人和代理人之間的效用函數不一致。因此，若不能有效約束代理人，代理人往往產生機會主義行為，做出對股東來說非最優的決策。Jensen 和 Meckling（1976）正式提出委託代理成本這一概念，他們認為，代理成本分為三種成本，包括委託人的監督成本、代理人的擔保成本，還有剩餘成本。剩餘成本是假設在相同條件下，委託人自行決定產生的價值和代理人替委託人做出決定產生的價值之間的差值。委託代理理論有以下三條經典假設：第一，代理人擁有比委託人更多的私人信息，很難被其他人觀察到；第二，委託人不直接介入生產經營活動，導致委託人和代理人之間的信息不對稱；第三，代理人符合「經濟人」假設，追求自身效用最大化。因此，委託人不能直接觀測到代理人的行動，委託人只能觀測到受代理人行動和其他因素共同影響產生的變量或者現象，這導致代理人為攫取自身利益而做

出與委託人利益衝突的行為，即產生敗德行為。

除了委託人和代理人之間的委託代理問題，在 20 世紀 90 年代，隨著以中國為代表的新興市場經濟體的崛起，大股東和中小股東之間的委託代理成本問題引起了理論界的注意。現代企業的股權趨於集中化，大股東控制企業成為普遍現象。由於資本市場對大股東擁有的企業股份處理有一定限制，大股東通過資本市場套利的空間很小，大股東主要依賴企業經營業績提升和價值增加獲利。此外，由於第一類代理成本問題中提到的職業經理人的逆向選擇和道德風險問題會使大股東受損的程度更大，因此，為了維護自身利益，大股東傾向於親自參與公司經營管理，並且以企業所有者的身分，對企業實行有效控制。而中小股東普遍存在「搭便車」的心理，他們可以不耗費時間和精力去關注公司業績提升與價值增加，可以在大股東努力監督經營者或者親自經營管理企業的辛勤勞動後直接享受成果。因為即使企業經營失敗，中小股東遭受的損失也較小，並且可以「用腳投票」去投資其他的公司。因此，大股東負擔公司主要的經營成本和經營風險，而所有股東享受企業價值增加的收益。在成本—收益不對等的情況下，大股東有動機通過隱蔽手段將企業的公共收益轉化為私人收益。這會損害中小股東的利益，並且大股東侵占企業的利益，會對企業長期發展造成極大的負面影響。在法律法規對中小投資者的保護不足，並且企業內部監管制度不夠完善的情況下，大股東侵占小股東利益的成本很低，大股東利用控制權侵占企業利益的動機更大。

在委託代理理論框架下，學者提出瞭解決委託代理成本問題的相關理論。在團隊生產中，需要設立監督者，以剩餘索取權對監督者進行激勵，防止人們在團隊生產中的「搭便車」的機會主義行為。通過建立有效的激勵機制，使代理人做出對於股東來說最優的決策，成為解決委託代理問題的原則。Jensen 和 Meckling（1976）提出的代理成本理論認為，當經營者成為完全剩餘權益的擁有者時，代理成本會降低甚至消除。Jensen 和 Meckling（1976）認為解決代理問題有三個方法：第一，建立恰當的激勵機制，通過讓代理人報酬和行為掛勾，使代理人利益最大化和委託人利益最大化一致；第二，建立監督機制，通過委託人對代理人行為的監督，使代理人行為能符合委託人的利益；第三，讓代理人對委託人保證不會實施有損委託人利益最大化的行為，否則，將有懲罰措施。他們將代理成本區分為監督成本、約束成本和剩餘損失。外部股東為了監督管理者的敗德行為產生的支出即為監督成本；代理人為了避免委託人降低管理報酬而且讓委託人信任自己，對委託人做出擔保行為，如定期向委託人報告業績、聘請外部獨立審計等支出即為約束成本；代理人代行委託人的決策對

委託人造成的價值損失即為剩餘損失。委託代理理論認為，除了法律、公司規章、產品市場、資本市場外，完善的公司治理也可以控制代理人的機會主義行為和道德風險，使委託人和代理人利益一致化。董事會實施的公司內部控制措施也會對經理人行為進行有效約束。委託代理理論強調董事會代表股東監督管理者的作用。李維安（2005）認為，董事會是公司治理的核心。董事會接受股東大會賦予的權力和責任，因此，在股東和董事會之間，董事會是代理人，股東是委託人；同時董事會也對經理層負有委託責任，因此在經理人和董事會的關係中，董事會是委託人，經理人是代理人。Zald（1969）認為，董事會掌握著公司最高決策權，控制著公司的大量資源，對公司的發展戰略有重要影響。現代公司制度中董事會的責任包括審查公司財務、規劃公司發展戰略、為經理層提供諮詢和建議、挑選董事候選人、聘用與解雇經理人、決定經理人的報酬、監督經理人的行為是否符合股東的利益等。因此，董事會主要有三方面的職能：首先，董事會有戰略決策職能，包括制定公司發展戰略和公司財務規劃；其次，董事會有資源供給職能，為公司建立起良好的社會關係，並為經理層提供諮詢建議；最後，董事會有監督職能，通過選聘、薪酬契約、解聘等措施，監督經理人的行為。委託代理理論認為，董事會最基本的職能是選擇、監督、獎懲管理層。隨著委託代理理論在公司治理研究中的發展，董事會的監督職能被認為是董事會最主要的職能。董事會的監督職能強調董事會通過監督和激勵措施減少經理人的敗德行為。

20 世紀 80 年代開始，學者開始探索董事會的結構對公司治理的影響。Baysinger 和 Butler（1985）認為，董事會的結構對公司治理產生直接影響作用。董事會的監督和激勵效果依賴於董事會的構成。董事會的構成是指董事會成員組成以及其各組成部分的關係，主要有董事會規模、董事年齡分布、性別分布、專業背景特徵、學歷特徵、任職經歷、任期等角度。在董事會結構的研究方面，董事會的獨立性和董事會的異質性被認為是對公司治理有重要影響的因素。董事會的獨立性主要體現在董事長和總經理是否兩職分離以及外部董事在董事會中的比例。董事長和總經理兩職分離、外部董事在董事會中占比高，被看作董事會獨立的指標。董事會的異質性，即董事會的多元化研究也越來越受到學者的重視。董事會中的少數族裔和女性董事能增加董事會的多元化（Carter 和 Simkins，2003），改善公司治理。由於董事會通過戰略決策、資源供給、監督的機制來影響公司治理，董事會的多元化也將通過這些方面對公司治理產生影響。董事會多元化會影響董事會激勵約束機制、董事會會議、董事會決策，進而對公司治理產生影響。董事會的多元化會影響經理人薪酬契約的合

理性，進而影響薪酬契約對經理人的激勵和約束作用；董事會的多元化會影響董事會會議的效率，例如董事會的出勤率、董事會會議流程的規範性以及董事會決議的合法性和有效性，進而影響對經理人監督的有效性；董事會是否多元化還會影響董事會決策是否合乎股東的權益，進而影響整個公司的發展前途。

3.2 公司治理機制理論

為了解決現代公司控制權和所有權分離產生的代理問題，公司治理機制理論提供了各種解決路徑。公司治理機制是現代公司制度運行的核心。亞當・斯密在《國富論》中提出，經營者不會像資金所有者那樣細心照顧所控制的資金。Berle 和 Means（1932）則用現代公司制度中「所有權和控制權的分離」來解釋斯密觀察到的現象。由於現代公司制度中股權分散，股東很難監管經理人，Berle 甚至對解決股東和經理人之間的利益衝突感到絕望。然而，20 世紀現代公司的蓬勃發展並沒有驗證 Berle 的悲觀。Shleifer 和 Vishny（1997）認為，由於市場的競爭，企業自覺接受了實際經驗中運行有效的公司治理機制。公司治理機制是通過市場競爭自發形成的或者是人為設計的為解決公司代理問題的各種制度的總稱。Berkovitch 和 Israel（1996）把公司治理機制按照制度設計中需要資源的來源分為內部控制系統和外部控制系統。

3.2.1 內部控制系統

內部控制系統包括激勵契約、董事會治理、大股東治理、債務融資。激勵契約作為一種重要的內部控制系統機制，是為控制股東和經理人之間委託代理問題產生的道德風險而制定關於經理人報酬的契約，該契約使經理人的薪酬和企業的業績盡量掛勾，從而盡可能使股東和經理人之間的利益一致化。激勵契約機制的有效性建立在企業的相關業績指標是可以被觀察並且被證實的基礎上。然而由於經理人和股東之間存在信息不對稱，股東並不能知曉經理人的所有行為，並且經理人的努力是多維的，固定的業績指標並不能完整衡量經理人的努力程度，因此激勵契約並不總能有效解決股東和經理人之間的代理問題。現代公司中的董事會治理也是解決股東和經理人之間代理問題的重要內部控制系統的一部分。董事會代表股東的利益，通過招聘或解雇經理人、制訂經理人的薪酬計劃、對經理人的決策提供意見和建議等，董事會能夠加強股東對經理人的監督。但是，內部董事的效率一直受到質疑。由於現代公司制度中經理人

擁有推薦董事候選人的權力，而股東僅僅有對候選人投票表決的權力，經理人可以對董事的聘用產生很大影響，因此董事會是否能夠有效監督經理人是值得懷疑的。針對這個問題，Fama 和 Jensen（1983）認為可以增加外部董事的比例。Fama 和 Jensen（1983）認為，和內部董事相比，外部董事更加注重他們的聲譽，因此他們對經理人的監督更加有效。外部董事除了擔任公司董事，與公司不存在任何家族、商業關聯，因此和內部董事相比，外部董事與經理人的關係更加獨立，而外部董事在董事會中的比例也被稱為「董事會的獨立性」。除了對經理人的監督，董事會還有向經理人提供戰略諮詢的功能。大股東治理也是公司內部控制系統的一部分。Shleifer 和 Vishny（1986）認為，由於股權分散，對於小股東來說，監督經理人保護投資者利益的行為是一件「公共品」。當股權集中的時候，大股東監督經理人獲得的收益足夠覆蓋他們提供「公共品」的成本，大股東有動機監督經理人。因此，大股東監督經理人成為解決在監督經理人方面股東之間「搭便車」問題的重要途徑。但是，Demsetz 和 Lehn（1985）認為，當大股東投資集中的時候，資產組合不夠多樣化，增加了企業的投資風險。並且，Bolton 和 Thadden（1998）認為，當股權高度集中的時候，控股股東會過度監督，即控股股東有傾向阻止經理人做出其認為會降低現金流的商業決策，而這導致的損失可能大於經理人基於控制權的私人收益。因此，Aghion 和 Bolton（1992）認為，分權控制能夠降低大股東過度監督導致的效率成本。分權控制能通過事後與控股股東討價還價的方式，在維持經理人有價值的私有利益的同時，盡量保護中小股東的利益。但是分權控制也不是總有效，事後的討價還價方式可能導致公司的業務癱瘓，最終損害中小股東的利益。債務融資是企業使用的一種重要的融資渠道，同時也是企業一種重要的內部控制方式。Jensen（1986）認為，債務融資使企業面臨喪失控制權的風險，迫使經理人按時將現金歸還債權人，從而降低經理人揮霍自由現金流的可能性；同時，經理人迫於歸還債務的壓力，會更努力工作，增加企業的現金流。銀行等大債權人被認為和大股東一樣是大投資者，可以利用投資者身分對公司治理發揮作用。

3.2.2 外部控制系統

外部控制系統指利用企業計劃外的資源，來實現公司治理目標的治理機制總稱，包括法律法規、產品和要素市場、公司控制權市場、聲譽市場。Shleifer 和 Vishny（1997）認為，公司治理不僅是經濟問題，還是法律問題。企業外部融資就是法律上企業法人與資金提供者之間的合約。合約中對當事人的利益的

规定、解释以及实施都离不开法律的保护。Shleifer 和 Vishny（2000）认为，投资者受各国法律的保护程度将影响各国在股权结构、资本市场、股利分红等决策上的差异。法律法规对公司起治理作用的前提是当事人的行为具有可观察性和可证实性，而对于不能观察或者无法证实的行为，法律法规并不能起到约束作用。产品和要素市场也是公司重要的外部治理方式。在市场经济中，产品是否能够按照竞争性价格销售是衡量企业是否能够实现投资收益的基础，也是衡量经理人是否合格的指标。企业不能在产品和要素市场顺利交易将导致企业业绩下降，公司陷入财务危机，甚至可能倒闭。这样的风险迫使经理人努力工作。但是，产品和要素市场作为外部治理机制也有缺陷。首先，它总是事后发挥作用，只有通过市场交易结果才能发挥它的作用，因此，它并不能及时解决公司治理当前存在的问题。Robin（1963）认为，公司控制权市场可以避免产品和要素市场的失败。在成熟的资本市场上，企业可能通过公司竞购、杠杆收购、重组等方式实现资产控制权的转移。由于公司控制权的转移通常伴随着管理团队的更换，Jensen 等（1983）认为，为了避免被更换，公司控制权市场成为管理团队竞争控制公司权力的竞技场。因此，公司控制权市场也被认为是经理人劳动市场的组成部分。由于企业被接管往往伴随着经理人被辞退的风险，所以经理人有动机追求企业价值最大化，避免企业被接管，而这使股东和经理人的利益一致化。Shleifer 和 Vishny（1986）认为，由于市场信息不完备，接管者可能在公开市场以反应原有经营政策的股票价值秘密收购股票，最终实现接管企业的目的。Shleifer 和 Summers（1988）认为，接管风险迫使经理人选择短期行为，并且公司重组可能破坏企业的生产效率和企业文化。因此，单一的公司控制权市场也不能有效约束经理人。市场交换的经济范式认为，必须存在第三方来对交易双方可能产生的违约行为进行惩罚，交易才能顺利进行。然而，Hayek（1948）认为，如果交易是重复进行的，由于存在声誉或品牌机制，在没有第三方的惩罚时，当事人依然有履行合约的激励。Fama（1980），以及 Fama 和 Jensen（1983）的共同研究认为，经理人对其在经理人市场上声誉的关注，会成为他们自身行为的约束。Holmström（1999）认为，通过对长期业绩的观察可以获知个体的生产能力，而个体的生产能力的评价将影响期望产出，而期望产出将影响个体的报酬，因此存在一个隐形的合约将个体现在的业绩和未来的报酬联系在一起。因此，个体有动机在当前阶段选择较高努力程度。声誉市场和职业关注不仅适用于经理人，也适用于董事。Kaplan 和 Reishus（1990）发现，业绩较差的董事被认为在监督经理人方面不合格，因此很难成为其他企业的董事。Holmström（1999）认为，声誉市场和职业关注

機制對公司治理的影響受風險規避態度的限制。風險厭惡程度高的個體，對未來的再就職風險更看重，可能對聲譽市場更加關注，因此在當前階段會更加努力。並且風險規避態度越強的個體，越有可能主動公布企業的內部信息，降低企業經營失敗的風險。

　　單一的公司治理機制不能有效解決現代公司的代理問題。公司治理機制整合就是指將不同的公司治理機制相互結合，形成一個公司治理系統。整合的公司治理機制比單一的公司治理機制更加有效。通過整合的公司治理機制來實現公司最佳的治理效果是公司治理未來發展的重要方向。

3.3　信息透明度理論

3.3.1　有效資本市場理論

　　Fama（1970）透過實證研究提出有效市場概念。他認為，在有效市場中，任何證券交易價格都能正確反應出公眾熟悉的相關信息。Fama認為，市場的有效性是指資本市場對證券信息做出的反應的速度和完全程度。Fama（1970）將市場劃分為弱式效率性市場、半強式效率性市場和強式效率性市場。當證券價格能反應與證券相關的所有歷史信息，但是不反應未來價格變動的信息，這樣的證券市場即為弱式效率性市場；當證券價格不僅能反應所有歷史信息變動，並且能夠對當前的新信息立即做出全面反應，即為半強式效率性市場；當市場所有投資者都掌握了證券相關公司的所有信息，無論信息是否被公開，證券價格是否充分反應公司的所有信息，投資者擁有的資源都是一致的，這樣的市場即為強式效率性市場。強式效率性市場在現實中是不存在的，這是一種極端假設。有效資本市場理論是對證券價格變動與信息利用關係的研究。有效資本市場理論揭示了信息披露對於股票市場的重要性和信息透明度對公司治理的重要性。Gilson 和 Kraakman（1984）認為，有效資本市場理論只限於投資者獲取信息的速度和完全程度，並表現在證券的價格中，強調了投資者作為信息使用人在市場有效性中的作用。但是，有效資本市場理論沒有考慮信息生產、發布的過程。在信息生產中報告人將對信息的完整性、可靠性、及時性和準確性產生很大的影響。提高資本市場的有效性，就是要解決公司信息不對稱性問題，即解決大股東和中小股東、經理人和股東之間的信息不對稱問題。完善的信息披露制度有利於改善公司的信息透明度，提高資本市場的有效性。建立完善的信息披露制度可以使信息及時、準確、完整地傳達到市場，在信息生產者

和市場投資者、監管者之間建立信息傳遞紐帶。

3.3.2 信號理論和信息透明度

信號理論源於對信息不對稱的研究。當內部人掌握比投資者更多的信息的時候，內部人需要將信息傳達給外部投資者。Spence 和 Zeckhauser（1972）認為，在勞動力市場上，由於信息不對稱，能力高的人有動機將自己的能力傳達給雇主；在資本市場上，由於企業內部和外部投資者存在信息不對稱，具有優勢的企業為了避免逆向選擇，有動機向市場傳遞對企業有利的信息，從而讓外部投資者瞭解企業的真正價值。因此，為了避免資本市場上出現「劣品驅逐良品」的現象，業績好的公司用向市場傳遞業績優良的信號的方式來和業績低劣的企業相區分。信號理論包括信號發送機制和信號甄別機制。信號發送機制是指有信息優勢的一方主動向市場傳遞真實信息；信號甄別機制是指外部投資者通過某種方案來主動識別企業的信息。可見，信號發送和信號甄別分別是從企業角度和投資者角度來分析的。雖然信息透明度與信號發送機制和信號甄別機制都有關係，但是信息發送機制是從源頭影響信息的完整性、準確性、合法性和有用性，尤為重要。有效的信息發送機制能夠保證企業發送的信息真實反應其生產經營狀況，也能保證企業發送的信息涵蓋全部內容，而非斷章取義，還能保證企業的信息在有效的時間內傳達給市場，避免拖延太長時間使信息價值降低。滯後的信息披露無法滿足投資者的需求，並給有信息優勢的內部人創造操縱信息、隱藏信息的機會。透明和及時的信息傳遞能夠加強企業與投資者之間的溝通，也能抑制內部人利用信息優勢攫取個人利益。通過改善公司治理來完善信息發送機制是增加公司信息透明度的重要途徑。

3.4 高管團隊性別異質化理論

3.4.1 高階理論

1983 年，組織行為學家 Pfeffer 首次採用社會學中的人口統計學特徵來研究高管團隊的穩定性。他認為，人際交往存在「相似吸引」的原理，因此個體在選擇加入團隊類型的時候，會選擇具有相似人口統計學特徵的團體；加入團體後，個體對團體的評價也是按照自身和團體其他成員人口統計學特徵的差異進行的。Hambrick 和 Mason（1984）在前人的研究基礎上進行拓展，提出了研究高管團隊的專門理論，即高階理論（upper echelons theory）。Hambrick 和

Mason（1984）提出了研究高管團隊的初始模型——有限理性下的戰略選擇模型。該模型的觀點認為，為了克服個體在進行複雜決策時的局限性，可以採用團體決策的方法。而高管團隊可觀測的個體差異，如團隊成員的直觀、認知基礎、觀察能力的異質性會對公司的戰略決策產生影響，從而影響企業的績效和價值。因此，對高管團隊成員的背景和價值觀進行全面瞭解是非常重要的。在實踐中，高管的認知能力、價值觀等過於抽象，難以度量，但是高管的認知能力和價值觀受高管年齡、受教育程度、任職年限、性別等人口統計學特徵的影響，而這些特徵是能夠被觀察度量的。人口統計學特徵數據容易收集，因此，Hambrick 和 Mason（1984）認為，我們可以用高管的人口統計學特徵作為他們心理結構的替代變量。高階理論認為，在現代公司治理中，高管面對大量信息，他們需要對信息條件進行理解，依靠他們的信念、知識和價值觀判斷信息是否重要，從而摒棄不重要的信息，接收重要信息並對其做出反應。高管在過濾和處理信息的時候，受個人經歷、價值觀、個性的影響。高管的視野會影響他們看到和聽到信息的方向與角度，也影響他們選擇接收哪些信息，還影響他們如何理解接收到的信息。

　　高階理論開創了學術界關於高管團隊背景特徵對企業戰略決策和績效的影響的相關研究。但是，正如 Hambrick 和 Mason（1984）所指出的，這個理論模型存在一定缺陷，因為相對於純粹的測量高管心理的指標來說，人口統計學特徵有很大的噪聲，從而影響對高管心理結構的測量的準確性。例如，高管的教育背景可能不是一個外生的變量，有可能出生於社會經濟地位高的家庭才能支付高額教育費用，從而接受更高教育；高管受教育程度也被高管的風險偏好和認知模式影響。同時，高管背景特徵對公司決策和績效的影響過程並沒有被詳細闡述。因此，有必要對此模型進行修正。Cho 和 Hambrick（1994）針對初始高階模型缺乏決策動態過程的缺點，提出了修正的高階模型。該模型認為高管團隊包括構成、結構、過程、激勵四種因素，這四種因素會影響高管團隊運作模式。Hambrick（1996）在前面的基礎上進一步規範描述高管團隊的運作模式，包括高管團隊的組成、高管團隊的結構、高管團隊的運作。其中，高管團隊的組成包括高管的教育背景、年齡、性別、宗教等高管成員的人口統計學特徵；高管團隊的結構指職權結構；高管團隊的運作指高管團隊成員之間如何溝通協調、如何領導激勵等行為。Hambrick（1996）在高階理論的修正模型中還提出行為整合理論。行為整合理論認為，企業層面的變量、高管團隊層面的變量、高管個人層面的變量這三方面因素會影響高管團隊成員之間的思想和行為的集體互動，進而影響高管對公司治理的影響。與未修正的高階理論相比，修

正的高階理論強調高管團體的運作過程,即高管人口統計學特徵與公司績效之間的關係存在調節變量,從而使高管相同的人口統計特徵在不同企業、不同高管團隊中對企業的績效有不同的影響結果。

修正後的高階模型強調高管團隊成員行為、思想的集體互動,得到了學者們的廣泛認可。因此,很多學者開始運用調節變量研究高管人口統計學特徵對企業績效的影響。但是,使用的調節變量過於隨意,沒有系統性的考慮。Carpenter 等(2004)首次將委託代理理論和高階理論結合,建立了多理論整合模型。之所以將委託代理理論和高階理論相結合,是因為它們都是以高管的特徵和企業的戰略績效之間的關係作為研究對象;同時,高階理論主要研究高管的人口統計學特徵對公司的戰略和績效的影響,但沒有考慮企業環境對高管的人口統計學特徵和公司戰略績效之間關係的影響;而委託代理理論在考慮高管所處的治理環境的基礎上,注重研究如何將高管和股東的利益一致化,卻忽略了高管人口統計學特徵對公司治理產生的影響。而多理論整合模型正好將這兩個理論相結合,相互補充。多理論整合模型在高階理論基礎上做了以下發展:一是加入了團隊組成的重要組織和環境作為前因變量;二是增加了五個高管團隊人口統計學特徵的中間變量;三是用高管團隊的人口統計學特徵變量來代替理論構建;四是考慮高管團隊的更換和構成對企業績效的影響。高階理論認為,高管團隊背景特徵分為同質性和異質性兩個視角。高管團隊的同質性是指高管團隊成員之間背景、態度和價值觀都趨同。高階理論認為,同質性可以使高管在判斷信息和做決策的時候摩擦更少,避免內部損失,提高決策效率。同質性使成員在價值觀和經驗上都趨同,團隊成員之間的凝聚力更強,默契度更高,溝通更加快捷。但是,同質化的思維模式也可能會導致團隊對信息的辨識不夠全面,降低團隊對信息的敏感度,從而錯失重要的市場機會。高管團隊的異質性指高管團隊成員之間的背景在認知和經驗上存在差異。高管團隊成員之間的異質性增加了團隊在做決策時的摩擦,但是,能讓團隊從更全面的視角來判斷信息並做出決策,因此,高管團隊的異質性對公司的影響受到公司所處的戰略環境的影響。在複雜的環境中,高管團隊的異質性能夠使公司在重新定位、環境動盪、總裁變更等問題上增加公司決策的靈活性和對不同環境的適應性,從而對公司績效產生積極的作用。但是,團隊的異質性也可能造成團隊決策效率的降低。Murray(1989)認為,在相對穩定的環境中,高管團隊的異質性可能造成團隊成員之間的凝聚力下降,高管團隊對企業的目標和價值的認識不同,從而對企業績效產生負面的影響。

3.4.2 資源依賴理論

資源依賴理論是基於經濟租金的思想提出的一種公司經營策略的重要競爭方法。Penrose（1959）認為，企業是一個在組織管理框架下進行生產的資源集合體。Hamel 和 Heene（1994）認為，企業獨特的資源和能力是企業在做戰略決策的時候制定與執行決策的基礎。資源依賴理論認為，在面對不確定風險時，董事會的人力資本和社會資本可以減少企業對制度環境的依賴，使企業對環境的適應能力更強。董事會的人力資本和社會資本的作用體現為董事會在企業中的職能。董事會在公司中有提供諮詢、建議、專業知識服務和公共關係交往等職能。企業能否在市場上樹立良好的形象，企業在發展中是否能夠獲得財務、法律、技術等方面的支持，企業能否積極促進公司創新結構的推廣等能力，都與董事會人力資本與社會資本有密切關係。董事會的資源供應職能是資本市場發展的要求，現代企業中，需要董事會利用人力資本和社會資本來協調經理人和股東之間、大股東和中小股東之間的利益衝突，也需要董事會處理企業經營管理方面的問題。董事會在實現其資源提供職能的時候，一方面需要對經理層進行監督，另一方面要時刻準備為公司發展供應資源。董事會本身作為企業與外部資源聯繫的紐帶，是企業的重要戰略性資源。不同背景的董事會成員能為企業的發展提供各自的優勢資源。董事掌握的知識經驗，董事承載的有價值的、難以模仿的特殊資源，都有助於企業保持發展優勢；同時董事承載的社會關係資源有利於企業更好地利用獲得的資源。Kim 和 Cannela（2008）認為，董事會擁有內部社會資本和外部社會資本，董事會的內部社會資本指董事會成員之間以及董事會成員與公司內部人之間的關係能為公司帶來的資源，而董事會的外部社會資本指董事會成員和外部人之間的聯繫為公司帶來的資源。董事會存在能力差異，能力差異影響董事會對自身人力資本和社會資本的利用，從而使對公司的發展戰略制定和趨勢的判斷出現差異。人力資本理論（human capital theory）認為，實現組織的多元化對組織的發展是有利的，因為組織成員的不同年齡、性別、背景會對組織的發展起到不同的作用。在董事會中，單個董事擁有經營、管理、創新的獨特能力，不同的董事會成員給企業發展帶來不同的潛在資源。從知識能力和承載的資源方面來說，女性董事可以為董事會決策提供更多方面的視角，提高董事會的決策質量，因此女性董事是公司的重要資源。Shrader 等（1997）認為女性董事的人力資本為董事會決策提供了多元化視角，提升了團隊決策質量，因此女性董事的人力資本是公司的一種關鍵資源。Peterson 和 Philpot（2007）運用資源分析理論，發現女性董事比

男性董事在執行委員會中任職的機會少，但是女性董事比男性董事在公共事務委員會中任職的機會更多，這是因為董事會在提名女性董事的時候會考慮女性董事承載的公共事務委員會需要的資源。Hillman 等（2007）認為，女性董事能夠通過挑戰僵化的觀念從而拓展董事會討論議題的深度和廣度，從而改善董事會的治理效率。這些研究都顯示，在男性董事比例過大、董事會性別單一化的環境中，女性董事對於企業來說確實是一種重要的資本。

3.4.3　個體認知局限性理論

行為經濟學認為決策個體的認知能力是有限的。Hambrick（1997）指出，個體的認知能力和判斷過程是有限的。March（1958）認為，決策者會將自己的偏好帶入特定決策中。由於態度、認知能力、信念在人群中是按年齡、性別、種族等人口統計學特徵呈顯著的系統分佈，單個決策者不能全面觀察組織內外部的環境，並且會對觀測的對象進行選擇性吸收；個體最終在評判選擇的信息的時候也會使用個人偏好過濾。因此，決策團體的多元化有利於決策的科學性。先天因素和後天因素造成了男女的性別差異。心理學家佛洛伊德認為決定性別差異的根本原因是先天生理上的差異。現代生理學發現男女在大腦構成、激素水準上的差異影響著他們的行為。男性體內的雄性激素讓男性更喜歡通過競爭高低來獲得滿足，導致其行為具有競爭性和支配欲。他們希望通過獲得權力、影響力達到一個相對較高的地位。從冒險意識上來看，男性比女性更有冒險精神，男性主導了社會的高風險職業領域，並且男性比女性更喜歡參加需冒險的運動項目，如高空彈跳、跳傘。在社會導向方面，男性更多關注客體，更加保持獨立。男性在認知能力方面更擅長空間定向、機械能力、數學推理。相反，女性更加厭惡有風險的運動項目和職業，在社會導向方面，女性更多關注個人，更加擅長處理與他人的關係。在認知能力方面，女性的計算能力和語言能力比男性更有優勢。性別差異後天論則認為，造成男女區別的根本原因是後天的社會文化擴大了兩性之間的微小差異，而男女之間的生理構造差異並沒有顯著影響男女之間的行為偏好。無論是從市場開發還是公司內部治理來看，女性高管都有利於公司的發展。首先，女性高管對部分市場的開發和維護有不可替代的作用。由於和男性在興趣愛好方面不同，女性能獲得男性通常不易獲得的信息和資源，對於開發和維護更多的客戶都有利。女性一直是消費的主體。女性高管通過自身的消費經驗，對女性顧客的需求有更切身的體驗，在公司瞭解和開發女性市場方面，女性高管通常能夠提出非常適當的產品和促銷策略。其次，女性高管細心謹慎，對改善公司治理有積極作用。女性和男性相

比，有更加敏銳的直覺，對他人的心理活動揣摩得更加細緻，更尊重和關注別人的意見。一方面，女性作為管理者的時候，能夠更好地瞭解個體的不同需求，對不同的員工採取不同的激勵措施，能更好地激勵鼓舞員工。同時，女性的謹慎心理可以有效約束男性管理者的冒險行為，減少公司的風險。另一方面，女性高管能更好地從細微處關注顧客的需求，從而提出更多吸引顧客的策略。最後，女性管理者更注重管理的柔性化。和男性的理性、果斷不同，女性的性格更加感性、溫和，更加傾向用感情方式解決問題。女性的感性使女性管理者更傾向於人性化的管理，避免高高在上行使權力，從而減輕了對員工的壓力，使員工能自願為企業工作。雖然女性柔性化的管理方式可能使她們過度優柔寡斷、糾結於細節，有時無法顧及全局，從而可能使公司喪失機遇，但是在過度強調男性管理的企業中，女性感性的管理方式可以發揮更大的作用。女性管理者和男性管理者在態度、認知能力、信念方面的差異有利於使團隊更多元化，使團隊的決策更加科學。甚至不少女性高管在公司治理上表現得比男性高管更加優異。正如現代管理大師杜拉克說過的，「時代的轉變正好符合女性的特質」。

4 女性董事對高管薪酬的影響

4.1 引言

公司治理機制理論認為,激勵合約是企業內部控制的重要組成部分。合理的激勵合約能夠把經理人的報酬建立在企業可證實、可觀察的業績指標上,因而能夠協調經理人和投資者的利益。反之,沒有效率的激勵合約將使經理人有動機通過高額薪酬攫取私利,反而增加股東和經理人之間的代理成本。現實中,高管高額薪酬已成為全球企業面臨的問題。從20世紀70年代開始,美國高管薪酬持續高漲,到2001年安然公司醜聞暴露出高管超額薪酬問題的嚴重性,2011年又發生了占領華爾街的抗議活動。而國內2008年中國平安天價高管薪酬也引起廣泛質疑。高管攫取超額薪酬會造成嚴重的社會經濟問題。首先,高管利用權力損害外部投資者的利益以攫取自身利益,會讓投資者擔心公司治理失敗,繼而阻礙社會資本積聚,影響國民經濟增長和社會發展。其次,高管利用自身權力牟取超額薪酬,會通過造假、會計操縱、盈餘管理方式增加自身薪酬,而這些行為會對公司的內部控制和監管產生不利。最後,高管超額薪酬擴大了企業內部收入分配的不公平。美國稅務總局的報告顯示,1980—1995年,美國公司高管薪酬平均增長率達到182%,然而同期公司利潤僅僅增長127%,普通員工的實際薪酬則出現輕微下降。Anderson和Bizjak(2003)發現,美國企業的經理人薪酬和普通員工的薪酬差距由1982年的42倍擴大到2003年的301倍。由此可見,由高管超額薪酬導致的高管與員工之間薪酬差距擴大化的嚴重程度。高管和員工之間薪酬差距的擴大化會激起普通員工的不滿,甚至變成一個社會問題。作為激勵機制設計的主要機構,董事會對高管薪酬計劃有重要影響。高管薪酬計劃是否合理很大程度上由董事會成員決定。董事會成員的背景、人口統計學特徵、偏好將影響高管薪酬計劃的效率。其中,

董事會成員的性別結構是董事會成員重要的人口統計學特徵，也會對企業高管薪酬計劃產生影響。目前，女性董事在降低股東和經理人之間的代理成本方面的重要性越來越得到大家的認可，這體現在世界各國陸續頒布法律要求女性董事在董事會中達到一定比例，例如前文提到過的挪威、西班牙和法國。那麼，從高管薪酬的角度來看，女性董事是否真正降低了股東與經理人之間的代理成本呢？本章試圖用中國上市公司的數據實證研究此問題。

4.2　文獻綜述及假設

最優契約理論認為，公平合理的薪酬契約是緩解經理人和股東之間代理問題的有效工具。高效的薪酬契約能夠減少道德風險和逆向選擇，最大化實現經理人和股東之間的目標一致性，實現雙方共贏。薪酬契約的有效性離不開董事會在股東和經理人之間的媒介作用。董事會內部治理機制的質量將影響薪酬契約的制定和後續的監管。由於 CEO 在提名董事過程中有重要影響，在弱公司治理環境中，董事為了個人的利益，會放鬆對管理層的監管甚至迎合管理層，以獲得更大的提名可能性。因此，CEO 權力過大的企業董事會受 CEO 的控制，董事會的有效性降低（Bebchuk 等，2002）。董事會對經理人監督的有效性越低，管理層權力越大，越容易利用自身的權力參與或者影響薪酬契約的制定，從而獲得超額薪酬。Bebchuk 和 Grinstein（2005）研究發現，高管權力解釋了大部分 CEO 薪酬的增長。盧銳等（2008），王克敏和王志超（2007）用中國的數據研究發現，高管權力越大，能獲得越高的薪酬。權小鋒等（2010）研究發現，高管權力越大，地方國有企業的高管超額薪酬越高。加強董事會對經理人的監督能夠對高管的超額薪酬起到約束作用，Chhaochharia 和 Grinstein（2009）研究發現，董事會加大對高管的監督力度可以降低高管薪酬水準。董事會中女性董事能夠增加董事會的性別異質性。和男性董事相比，女性董事在監督經理人方面有獨特的優勢，能夠加大董事會監督經理人的力度。首先，女性董事具有比男性董事更加厭惡風險的特徵。Lichtenstein 等（1977）研究男性和女性風險偏好的區別，結果發現女性更加趨向於規避風險。Zuckerman（1994）研究發現，從生理上來說，女性體內比男性體內產生的影響風險決策的單胺氧化酶更多。因此，在面對風險的時候，女性比男性的承受能力更弱。Laborde（1994）認為，女性由於在家庭中承擔生育和哺乳的角色，為了保護子女，她們更加厭惡風險。盈餘管理通常是高管牟取高額薪酬的方式之一

（Zimmerman，1986）。高管通常利用自身權力，通過造假、會計操縱、盈餘管理方式來滿足薪酬契約中的業績要求，牟取超額薪酬。而盈餘管理可能增加公司股價崩盤風險（Hutton 和 Marcus，2009）。出於規避風險的目的，女性董事對經理人盈餘管理行為監督更加嚴格，使企業會計穩健性得到改善，從而減小高管通過舞弊行為牟取超額薪酬的可能性。Chen 等（2007）就發現會計穩健性可以減少會計信息的「雜訊」，能夠抑制高管通過盈餘管理來獲取利益。盈餘管理可能隱藏公司不利信息，可能增加公司股價崩盤風險（Hutton 和 Marcus，2009），因此女性高管出於規避風險的目的，會減少公司管理層盈餘行為。Faccio（2012）研究女性的風險偏好對企業財務風險的影響，結果發現，女性 CEO 經營的企業盈餘波動更小。Krishnan 和 Parsons（2008）以 1996—2000 年美國《財富》500 強公司為樣本，發現女性高管顯著提高了公司的盈餘質量。Gul 等（2011）的研究也發現，女性董事能提高公司的盈餘報告質量。其次，女性董事相對於男性董事來說，與經理人的關係更為獨立，董事會的獨立性增加更加有益於董事會加強對經理人的監督。Hillman 和 Cannella（2002）研究發現，由於隱形的性別歧視，女性董事往往需要更高的學歷和更高的能力證明才能進入董事會，而男性董事更容易通過企業內部競爭表現的優秀職業能力成為董事會成員。因此，相對於從職業競爭渠道晉職的男性董事來說，女性董事更加獨立於經理人。而董事會的獨立性是董事會治理研究的重要內容，董事會的獨立性能加大董事會對經理人的監督力度，減少經理人通過超額薪酬攫取利益的行為。最後，女性董事比男性董事工作更加認真負責。和男性管理者相比，女性管理者更有耐心，更堅韌，自制能力更強。Adams 和 Ferreira（2009）就發現，女性董事會有更高的董事會會議出勤率。文章還發現，女性董事比例越高的公司 CEO 的離任與股價的變動更為敏感。此外，Kandel 和 Lazear（1992）發現，團隊成員的異質性會增加成員之間的競爭壓力，進而發揮更好的監督作用。Adams 和 Ferreira（2009）發現，當董事會中女性董事比例提升後，男性董事會增加董事會會議的出勤率。董事會是制定高管薪酬契約並且監督契約實施的重要機構，因此董事會會議出勤率越高，意味著董事會對經理人的監督越仔細，經理人通過高額薪酬牟取私利的可能性越小。可見，女性董事比例高的企業中經理人干預薪酬契約制定的難度更大，並且和男性董事相比，女性董事能夠更嚴格地監督薪酬契約的執行。據此，本書提出假設 H1：女性董事減少了高管超額薪酬，即女性董事與高管超額薪酬存在顯著的負相關關係。

薪酬管制越嚴格和信息披露程度越高，高管通過超額的顯性的貨幣薪酬來

攫取自身利益的難度越大,隱性薪酬成為高管獲利的另外一項工具。職務消費、養老金計劃、補償協議都成為企業高管隱性薪酬的重要組成部分。Yermack(2006)發現大型公司的 CEO 有動機提高私人飛機配置比例。同顯性的貨幣薪酬類似,隱性薪酬有激勵高管的正面積極作用,但是在公司治理差的情況下,隱性薪酬更容易淪為企業高管牟取利益的工具。在企業存在薪酬管制的情況下,由於隱性薪酬很難受到明確的法律法規監管,在職消費通常成為貨幣薪酬的替代性選擇(陳東華,2005)。公司治理越差,企業高管通過在職消費獲取隱性薪酬受到監管的程度越低,企業高管獲取隱性薪酬付出的風險成本越低。因此,管理層權力越大的企業,在職消費越多(盧銳等,2008)。樹友林(2012)研究也發現,高管的權力越大,高管的在職消費越多。過多的在職消費需要經理人隱藏更多的財務信息,甚至造成報表中有虛假信息,損害了股東的利益。Hutton 等(2009)研究發現,女性董事的風險規避會使她們對經理人的報告制定更多、更嚴格的標準,從而提高財務報告的可靠性。由於我們預期女性董事能改善董事會的治理,增加董事會對經理人的監督,約束高管的在職消費,據此本書提出假設 H2:女性董事減少了企業的隱性薪酬,即女性董事減少了企業高管的在職消費。

　　高管薪酬不合理的另一個表現,是高管和普通員工之間的薪酬差距的擴大化。雖然錦標賽理論認為,高管和普通員工之間的薪酬差距能夠降低監控成本,更好地激勵高管,但行為理論認為,薪酬差距會降低低收入員工的工作積極性。當管理層權力大的時候,管理層受到的約束小,高管可以通過影響管理層薪酬契約的制定,從而獲得超額薪酬,造成高管和員工之間的薪酬差距增大。盧銳(2007)發現,管理層權力越大,高管與員工之間的薪酬差距越大。方軍雄(2011)研究發現,若高管權力大,則企業存在薪酬的尺蠖效應,即在企業業績上升的時候,高管薪酬增加幅度大於普通員工薪酬增加的幅度;而當企業業績下降的時候,高管薪酬下降的幅度小於普通員工薪酬下降的幅度。薪酬尺蠖效應也增大了高管和普通員工之間的薪酬差距。Anderson 和 Bizjak(2003)發現,美國企業的經理人薪酬和普通員工的薪酬差距由 1982 年的 42 倍擴大到 2003 年的 301 倍。張正堂(2008)研究發現,高管團隊內部的薪酬差距和高管與員工之間的薪酬差距對企業的未來績效都產生負向的影響。由於傳統社會女性在家庭中扮演母親和妻子的角色,對上下級、用戶和社會有高度的責任心。女性管理者還更有同情心,更有耐心傾聽員工的想法,設身處地為他人考慮。因此,對內,女性管理層在做決策的時候會關注更多中小投資者的利益和普通員工的福利。女性管理者更關注員工的實際困難,如育兒問題、在

職休假等。對外，女性管理層也關注企業的決策對環境是否有危害，對社會是否有危害。女性管理者對社會的同情心和責任心體現在女性管理層比男性管理層在慈善事業上有更突出的表現（Williams，2003）。多元化的董事會能使董事會更全面地考慮問題，更加有利於協調好公司各成員之間的利益關係。同時，著名心理學家勞倫斯·柯爾伯格認為，和男性相比，女性更不願意進行不道德的行為，對自私自利的行為厭惡程度更高。Krishnan 和 Parsons（2008）也認為，女性比男性更加遵守道德規範，對機會主義行為更難容忍。女性董事一方面更偏好公平，另一方面對經理人的自利行為容忍度更低，監督更加嚴格，因此預計會對高管和員工之間的薪酬差距產生負向的影響。據此，本書提出假設 H3：女性董事減小了企業高管和員工的薪酬差距，即女性董事對企業內部高管和員工的薪酬差距存在顯著的負相關關係。

　　高管薪酬業績敏感性被認為是股東和經理人間代理成本的重要指標之一。最優契約理論認為，合理的薪酬契約使高管薪酬與企業業績之間存在正向的敏感變動關係，即合理的薪酬契約對企業高管形成正向的激勵作用，更高的薪酬能讓管理者更努力工作，使公司業績得到提升。Bertrand 和 Mullainathan（2000）發現，公司治理越好的時候，高管薪酬業績敏感性越高。毛磊等（2011）發現，由於機構投資者能夠有效改善公司治理，董事會裡存在比較強的機構投資者，能夠顯著改善高管薪酬業績敏感性。陳震和李豔輝（2011）發現，受資本市場、經理人市場競爭壓力和政府干預程度的影響，市場化進程越高，高管薪酬業績敏感性越高。董事會治理對高管薪酬業績敏感性也有重要影響。Chhaochharia 和 Grinstein（2009）發現，董事會中的薪酬委員會的成立，以及增加薪酬委員會的獨立性，既能夠降低高管薪酬水準，也能夠增加高管薪酬業績敏感性。Mishra 和 Nielsen（2000）發現，董事會獨立性越高，高管薪酬業績敏感性越高。Adams 和 Ferreira（2009）研究發現，女性董事出席會議的記錄比男性董事更好，女性董事更有可能成為董事委員會成員，並且女性董事提高了 CEO 薪酬業績敏感性。為檢驗中國資本市場上女性董事對高管薪酬業績敏感性的影響，本書提出假設 H4：女性董事提高了企業高管薪酬業績敏感性，即女性董事對高管薪酬業績敏感性有顯著的正向影響。

4.3 數據及變量定義

4.3.1 樣本選擇與數據來源

本章節選擇中國滬深股市 2007—2013 年所有 A 股上市公司作為研究樣本，因為這十多年來女性董事的重要性才越來越受到上市公司的重視，並且，女性董事比例開始增加，平均比例達到 10%。樣本數據都來自 CSMAR 數據庫。由於金融行業的特殊性，遵循以往文獻研究，筆者剔除了金融行業的樣本。

4.3.2 變量定義

變量定義如表 4.1 所示。

表 4.1　　　　　　　　　　變量定義

變量名稱	變量含義	備註
lnwage	前三位高管薪酬均值的對數值	
overpay	超額薪酬的對數值	借鑑 Core 等（2008）和辛清泉（2007）的模型測算的高管超額薪酬
gapwage	高管和普通員工之間絕對薪酬差距的對數值	借鑑 Eriksson（1999）的方法測算
perks	高管隱性薪酬，即在職消費的對數值	借鑑權小鋒等（2010），代彬等（2011）
totalfemds	女性董事總人數	
femdsrate	女性董事比例	女性董事總人數/董事會總人數
totalds	公司董事總人數	
lnasset	總資產對數值	ln（總資產量）
lev	資產負債比	總負債/總資產
mb	市帳比	市場價值/帳面價值
roe	淨資產收益率的對數值	ln（1+淨資產收益率）
dual	董事長和 CEO 兼任，則 dual = 1，否則，dual = 0	
ppe	固定資產比例	

表4.1(續)

變量名稱	變量含義	備註
insti	機構持股比例	
equ	高管持股比例	
lexpr	董事長或 CEO 在職期限長短的虛擬變量，若超過 50 分位數，lexpr=1，否則，lexpr=0	

關於高管超額薪酬的對數值 overpay，我們借鑑 Core 等（2008）和辛清泉（2007）的模型測算。首先，用樣本數據對模型（1）迴歸，用估計得到的係數計算出前三位高管薪酬均值的對數值的期望值，然後，用前三位高管薪酬均值的實際對數值減去前三位高管薪酬均值的對數值的期望值，差值即為前三位高管超額薪酬均值的對數值 overpay。

$$\text{lnwage}_{it} = \beta_0 + \beta_1 * \text{lnasset}_{it} + \beta_2 * \text{roa}_{it} + \beta_3 * \text{ia}_{it} + \beta_4 * \text{zone}_{it} + \sum \text{industry} + \sum \text{year} + \varepsilon_{it} \tag{4-1}$$

式中，roa 為企業總資產收益率；ia 為各個公司註冊地所處省份的人均工資水準；zone 為企業註冊地所處的省份為東、中、西部的虛擬變量。高管和普通員工之間薪酬差距的對數值 gapwage，借鑑 Eriksson（1999）的方法，用下面的方程測算得出：

gapwage＝ln［1+（董事、監事及高管薪酬總額/董事、監事及高管總人數）－（支付給員工及為員工支付的現金－董事、監事及高管薪酬總額）／（員工人數－董事、監事及高管總人數）］

由於報表中不能直接得到在職消費變量相關數據，我們借鑑權小鋒等（2010）、代彬等（2011）的方法，用年報披露的管理費用項目扣除當年計提的存貨跌價準備和無形資產攤銷以及董事、監事及高管薪酬總額，剩餘部分可以衡量企業的隱性薪酬，即在職消費水準。我們對在職消費水準取對數值即為 perks。

4.3.3 模型建立

為研究女性董事對高管薪酬的影響，筆者建立了以下基本模型。

$$\text{wage}_{it} = \beta_0 + \beta_1 * \text{femds}_{it} + \beta_2 * \text{lexpr}_{it} + \beta_3 * \text{totalds}_{it} + \beta_4 * \text{ppe}_{it} + \beta_5 * \text{roe}_{it} + \beta_6 * \text{tbq}_{it} + \beta_7 * \text{mb}_{it} + \beta_8 * \text{lnasset}_{it} + \beta_9 * \text{lev}_{it} + \beta_{10} * \text{insti}_{it} + \beta_{11} * \text{gequ}_{it} + \beta_{12} * \text{dual}_{it} + \varepsilon_{it} \tag{4-2}$$

式中，femds 為女性董事指標，筆者分別用女性董事比例 femdsrate 和女性董事總人數 totalfemds 作為女性董事指標；wage 為高管薪酬的指標，筆者分別用前三名高管薪酬的自然對數 lnwage、高管超額薪酬 overpay、高管與普通員工之間的薪酬差距的對數值 gapwage、高管在職消費的對數值 perks 替換因變量 wage，從多個角度研究女性董事對高管薪酬的影響。

4.4 實證結果分析

4.4.1 變量描述統計

表 4.2 為主要變量的描述統計結果。從描述統計可見，在樣本中，totalfemds 的均值為 1.304，意味著所有樣本公司董事成員中，平均有 1.304 個女性董事。而 femdsrate 的均值為 0.124，意味著所有樣本公司中，女性董事比例平均為 0.124。可見，目前中國上市公司女性董事總人數和比例都偏低，女性董事的增加確實有助於董事會向多元化和異質性發展。

表 4.2　　　　　　　　主要變量的描述統計結果

變量	樣本量	均值	標準差	最小值	中位數	最大值
lnwage	9,037	13.99	0.748	0	14	17.24
overpay	9,037	0.004	0.605	−13.64	0.011	2.95
gapwage	9,037	12.64	0.875	3.709	12.68	16.13
perks	9,037	18.42	1.315	10.22	18.3	25.16
femdsrate	9,037	0.124	0.11	0	0.1	0.714
totalfemds	9,037	1.304	1.155	0	1	8
totalds	9,037	10.75	2.435	5	10	26
ppe	9,037	0.204	0.17	0	0.163	0.971
roe	9,037	0.087	0.097	0	0.077	0.956
tbq	9,037	1.845	1.583	0.027	1.436	20.71
mb	9,037	1.04	1.144	0.048	0.697	36.72
lnasset	9,037	21.93	1.257	19.18	21.72	28.48
lev	9,037	0.442	0.205	0.007	0.453	0.957

表4.2(續)

變量	樣本量	均值	標準差	最小值	中位數	最大值
insti	9,037	5.574	8.398	0	1.626	66.36
equ	9,037	0.072	0.163	0	0	0.821
dual	9,037	0.197	0.398	0	0	1
lexpr	9,037	0.49	0.5	0	0	1

表 4.3 所示為主要變量的相關係數。從結果來看，女性董事比例 femdsrate 和女性董事總人數 totalfemds 與高管超額薪酬的對數值 overpay、高管和普通員工之間薪酬差距的對數值 gapwage、高管在職消費的對數值 perks 都存在顯著負相關關係，初步說明女性董事對高管超額薪酬、高管和普通員工之間的薪酬差距、高管在職消費都起到了約束作用，為後面進一步的分析提供了基礎。

表 4.3　　　　　　　　　主要變量的相關係數

變量	overpay	gapwage	perks	femdsrate	totalfemds	totalds	roe	lnasset	lev
overpay	1	0.971***	0.452***	−0.052***	−0.008***	0.170***	0.311***	0.439***	0.094***
gapwage	0.962***	1	0.397***	−0.030***	−0.006***	0.137***	0.299***	0.371***	0.056***
perks	0.451***	0.385***	1	−0.163***	−0.108***	0.224***	0.208***	0.761***	0.389***
femdsrate	−0.051***	−0.032***	−0.159***	1	0.958***	−0.122**	−0.033**	−0.158***	−0.107***
totalfemds	−0.012***	−0.002***	−0.103***	0.948***	1	0.115***	−0.028**	−0.091***	−0.075***
totalds	0.168***	0.127***	0.248***	−0.105***	0.138***	1	0.009	0.271***	0.145***
roe	0.300***	0.279***	0.207***	−0.026***	−0.027***	0.006	1	0.158***	−0.042***
lnasset	0.447***	0.365***	0.784***	−0.168***	−0.104***	0.292***	0.153***	1	0.549***
lev	0.094***	0.051***	0.383***	−0.113***	−0.073***	0.156***	−0.036**	0.535***	1

註：對角線左下方數據為 Pearson 相關係數，對角線右上方為 Spearman 相關係數。***、**、*分別表示在1%、5%和10%水準上顯著。

4.4.2　實證結果及分析

表 4.4 所示為女性董事對高管超額薪酬影響的估計結果。表 4.4（1）列顯示，從全樣本估計結果來看，女性董事比例 femdsrate 的系數顯著為負，意味著女性董事顯著減少了公司高管的超額薪酬；表 4.4（2）、（3）列分別顯示國有企業和非國有企業的子樣本估計結果。其中，公司的所有制性質按公司的實際控制人性質分為國有和非國有公司。表 4.4（2）列顯示，femdsrate 的系數並不顯著，說明在國有企業中女性董事對高管的超額薪酬並不能起到有效的約束作用。表 4.4（3）列顯示，在非國有企業的樣本中，femdsrate 的系數顯

著為負，意味著非國有企業中的女性董事比例越高，高管超額薪酬越低，說明非國有企業中女性董事能對高管的超額薪酬起到有效的約束作用，即女性董事的治理效應在非國有企業中更加顯著。估計結果顯示女性董事在國有企業和非國有企業中對公司治理的影響有明顯的差異。這是可以解釋的現象。首先，從前文中圖 1.3 來看，女性董事在國有企業和非國有企業的分布是不均衡的，國企業的女性董事比例遠遠低於非國有企業中女性董事的比例。其次，國有企業的企業文化受行政干預比非國有企業更多，市場化程度更低，並且國有企業的管理層通常有行政職務，管理層等級更加嚴格，民主開放程度更低。相反，非國有企業的市場化程度更高，環境更加開放。在民主開放程度高的環境中，女權文化更易被接受，兩性平等的觀念更被認同，性別歧視對女性董事的公司治理的負向影響更小，女性董事的意見在董事會議中更能受到平等對待。金智等（2015）就認為，女性董事在一個開放民主的董事會中更能發揮監督作用，同時女性董事可以通過向開放民主的董事會提供更豐富的信息改善公司治理，因為開放民主的董事會更容易採納不同的觀點。因此，與非國有企業相比，女性董事對高管超額薪酬的約束作用在國有企業中更小是可以理解的。表 4.4（4）、（5）、（6）列是用女性董事總人數 totalfemds 替換 femdsrate，重新估計模型，結果和 femdsrate 的結果一致，即全樣本中女性董事總人數對高管超額薪酬有顯著的負向影響；子樣本估計中，女性董事總人數在國有企業中對高管超額薪酬並沒有顯著的影響，而在非國有企業中，女性董事總人數越多，高管超額薪酬越低。從其他變量估計結果來看，董事會總人數 totalds 的係數顯著為正，意味著董事會規模越大，高管的超額薪酬越高，說明董事會規模越大並不意味著董事會治理效果越好；固定資產比例 ppe 的係數顯著為負，意味著固定資產比例越高，高管超額薪酬越低，說明債權人的治理效應確實存在；淨資產收益率的對數值 roe 的係數顯著為正，說明公司收益率越高，高管的超額薪酬 dual 越高；兩職兼任的係數顯著為正，意味著管理者權力越大，高管超額薪酬越高，說明高管權力增加使高管更有可能謀取自身利益。

表 4.4　　女性董事對高管超額薪酬影響的估計結果

變量名稱	（1）全樣本 overpay	（2）國有 overpay	（3）非國有 overpay	（4）全樣本 overpay	（5）國有 overpay	（6）非國有 overpay
femdsrate	-0.142***	0.013	-0.276***			
	-0.035	-0.075	-0.038			

表4.4(續)

變量名稱	(1)全樣本 overpay	(2)國有 overpay	(3)非國有 overpay	(4)全樣本 overpay	(5)國有 overpay	(6)非國有 overpay
totalfemds				-0.012***	0.005	-0.031***
				-0.004	-0.007	-0.004
totalds	0.015***	0.009**	0.019***	0.016***	0.009***	0.023***
	-0.002	-0.004	-0.004	-0.002	-0.003	-0.003
ppe	-0.167***	-0.191***	-0.088	-0.166***	-0.189***	-0.088
	-0.046	-0.017	-0.100	-0.045	-0.017	-0.099
roe	0.507***	0.396***	0.688**	0.506***	0.398***	0.691**
	-0.106	-0.065	-0.283	-0.106	-0.065	-0.283
tbq	-0.003	-0.022	0.013	-0.003	-0.022	0.013
	-0.005	-0.018	-0.011	-0.005	-0.018	-0.011
mb	-0.059***	-0.034***	-0.113***	-0.059***	-0.034***	-0.112***
	-0.010	-0.007	-0.024	-0.010	-0.007	-0.024
lnasset	0.003	-0.019***	0.031	0.003	-0.019***	0.029
	-0.009	-0.005	-0.037	-0.009	-0.005	-0.038
lev	0.038*	-0.044	0.089***	0.039*	-0.043	0.090***
	-0.022	-0.058	-0.025	-0.022	-0.058	-0.025
insti	0.007***	0.010***	0.003*	0.007***	0.010***	0.003*
	0.000	-0.001	-0.002	0.000	-0.001	-0.002
equ	-0.235***	-0.142	-0.211***	-0.236***	-0.148	-0.209***
	-0.034	-0.904	-0.031	-0.035	-0.903	-0.032
dual	0.116***	0.140***	0.114***	0.115***	0.139***	0.114***
	-0.004	-0.013	-0.013	-0.004	-0.012	-0.013
lexpr	0.018**	0.031***	0.006	0.018**	0.031***	0.006
	-0.007	-0.009	-0.016	-0.007	-0.009	-0.016
常數項	-0.201	0.292	-0.810	-0.217	0.279	-0.820
	-0.166	-0.199	-0.776	-0.167	-0.194	-0.778

表4.4(續)

變量名稱	(1) 全樣本 overpay	(2) 國有 overpay	(3) 非國有 overpay	(4) 全樣本 overpay	(5) 國有 overpay	(6) 非國有 overpay
年份	控制	控制	控制	控制	控制	控制
行業	控制	控制	控制	控制	控制	控制
樣本量	9,037	4,603	4,434	9,037	4,603	4,434
R-squared	0.050	0.062	0.064	0.050	0.062	0.065

表4.5所示為女性董事對高管在職消費影響的估計結果。表4.5(1)列是全樣本的估計結果。結果顯示，女性董事比例femdsrate的係數顯著為負，意味著女性董事比例越高，高管的在職消費越少，說明從總體上來說，女性董事確實能約束高管的在職消費。表4.5(2)、(3)列分別顯示國有樣本和非國有樣本的估計結果。同理，公司的所有制性質按公司的實際控制人性質分為國有和非國有公司。結果顯示，在國有企業中，女性董事比例femdsrate的係數為-0.165，在10%的水準上顯著；在非國有企業中，女性董事比例femdsrate的係數為-0.191，在1%的水準上顯著，這意味著在國有樣本和非國有樣本中，雖然女性董事對高管在職消費的約束作用都是顯著的，但非國有企業子樣本中女性董事對高管在職消費的約束作用比國有企業中的作用更加顯著。表4.5(4)、(5)、(6)列是用女性董事總人數totalfemds做穩健性檢驗的結果，和女性董事比例femdsrate的估計結果基本一致，說明女性董事對企業高管在職消費的約束作用是穩健的，並且在非國有企業中，女性董事對高管在職消費的約束作用更加顯著。

表4.5　　女性董事對高管在職消費的影響的估計結果

變量名稱	(1) 全樣本 perks	(2) 國有 perks	(3) 非國有 perks	(4) 全樣本 perks	(5) 國有 perks	(6) 非國有 perks
femdsrate	-0.223***	-0.165*	-0.191***			
	-0.063	-0.099	-0.054			
totalfemds				-0.022***	-0.019**	-0.020***
				-0.005	-0.007	-0.005
totalds	0.010***	0.009*	0.005***	0.012***	0.011**	0.008***

表4.5(續)

變量名稱	(1) 全樣本 perks	(2) 國有 perks	(3) 非國有 perks	(4) 全樣本 perks	(5) 國有 perks	(6) 非國有 perks
	-0.002	-0.005	-0.001	-0.003	-0.005	-0.002
ppe	0.126	0.022	0.210*	0.126	0.021	0.211*
	-0.08	-0.064	-0.125	-0.08	-0.063	-0.124
roe	0.356*	0.262	0.483***	0.357*	0.261	0.485***
	-0.207	-0.176	-0.183	-0.207	-0.175	-0.183
tbq	0.035***	0.041***	0.025***	0.034***	0.040***	0.025***
	-0.006	-0.009	-0.003	-0.006	-0.009	-0.003
mb	-0.079***	-0.079***	-0.116***	-0.079***	-0.079***	-0.116***
	-0.008	-0.009	-0.02	-0.008	-0.009	-0.02
lnasset	0.879***	0.869***	0.862***	0.878***	0.868***	0.861***
	-0.013	-0.01	-0.025	-0.013	-0.01	-0.026
lev	0.132***	0.016	0.153	0.133***	0.015	0.154
	-0.047	-0.041	-0.106	-0.046	-0.041	-0.106
insti	0.008***	0.003***	0.013***	0.008***	0.003***	0.013***
	-0.001	0	0	-0.001	0	0
equ	-0.501***	-2.320***	-0.283***	-0.502***	-2.318***	-0.283***
	-0.054	-0.707	-0.044	-0.055	-0.715	-0.044
dual	-0.028**	0.145***	-0.034***	-0.027**	0.146***	-0.034***
	-0.011	-0.021	-0.012	-0.011	-0.022	-0.012
lexpr	0.004	-0.024	0.028	0.004	-0.024	0.028
	-0.011	-0.016	-0.018	-0.011	-0.016	-0.019
常數項	-1.251***	-1.007***	-0.863	-1.265***	-1.009***	-0.88
	-0.305	-0.186	-0.612	-0.299	-0.171	-0.609
年份	控制	控制	控制	控制	控制	控制

表4.5(續)

變量名稱	(1) 全樣本 perks	(2) 國有 perks	(3) 非國有 perks	(4) 全樣本 perks	(5) 國有 perks	(6) 非國有 perks
行業	控制	控制	控制	控制	控制	控制
樣本量	9,037	4,603	4,434	9,037	4,603	4,434
R 平方	0.682	0.71	0.575	0.682	0.71	0.575

表 4.6 所示為女性董事對員工和高管薪酬差距影響的估計結果。表 4.6 (1) 列是全樣本的估計結果，結果顯示，女性董事比例 femdsrate 的係數顯著為負，意味著從總體上來說，女性董事比例越高，公司高管和員工之間的薪酬差距越小，說明女性董事約束了公司內部員工和高管之間薪酬的不公平性。表 4.6 (2)、(3) 列為國有企業和非國有企業的子樣本估計結果，同理，公司的所有制性質按公司的實際控制人性質分為國有和非國有公司。結果顯示，女性董事比例 femdsrate 只有在非國有企業中的係數是顯著為負的，在國有企業子樣本中並不顯著，意味著女性董事只對非國有企業的員工和高管薪酬差距起到約束作用，對國有企業員工和高管薪酬差距沒有顯著的作用。表 4.6 (4)、(5)、(6) 列是用女性董事總人數 totalfemds 替換 femdsrate 的估計結果，和 femdsrate 的結果基本一致。

表 4.6　　女性董事對員工和高管薪酬差距影響的估計結果

變量名稱	(1) 全樣本 gapwage	(2) 國有 gapwage	(3) 非國有 gapwage	(4) 全樣本 gapwage	(5) 國有 gapwage	(6) 非國有 gapwage
femdsrate	−0.129***	−0.027	−0.262***			
	−0.019	−0.063	−0.024			
totalfemds				−0.009***	0.005	−0.028***
				−0.002	−0.006	−0.003
totalds	0.014***	0.009**	0.020***	0.015***	0.008**	0.024***
	−0.002	−0.004	−0.003	−0.002	−0.004	−0.003
ppe	−0.321***	−0.347***	−0.196**	−0.320***	−0.345***	−0.196**
	−0.027	−0.087	−0.087	−0.027	−0.088	−0.087
roe	1.458***	1.197***	1.677***	1.458***	1.198***	1.680***

表4.6(續)

變量名稱	(1)全樣本 gapwage	(2)國有 gapwage	(3)非國有 gapwage	(4)全樣本 gapwage	(5)國有 gapwage	(6)非國有 gapwage
	-0.071	-0.064	-0.142	-0.071	-0.064	-0.141
tbq	0.022***	0.013	0.030***	0.022***	0.013	0.030***
	-0.007	-0.01	-0.011	-0.007	-0.01	-0.011
mb	-0.039**	-0.025***	-0.101***	-0.039**	-0.024***	-0.101***
	-0.016	-0.008	-0.014	-0.016	-0.008	-0.014
lnasset	0.269***	0.256***	0.313***	0.269***	0.257***	0.312***
	-0.012	-0.005	-0.027	-0.011	-0.005	-0.027
lev	-0.332***	-0.382***	-0.261***	-0.331***	-0.381***	-0.260***
	-0.021	-0.102	-0.06	-0.021	-0.103	-0.061
insti	0.009***	0.012***	0.004**	0.009***	0.012***	0.004**
	-0.001	-0.001	-0.002	-0.001	-0.001	-0.002
equ	-0.209***	1.875***	-0.224***	-0.211***	1.861***	-0.225***
	-0.033	-0.259	-0.028	-0.033	-0.26	-0.028
dual	0.189***	0.246***	0.171***	0.188***	0.244***	0.171***
	-0.024	-0.027	-0.021	-0.024	-0.027	-0.021
lexpr	0.025**	0.032**	0.014	0.025**	0.032**	0.014
	-0.01	-0.015	-0.022	-0.01	-0.015	-0.022
常數項	6.497***	6.603***	5.628***	6.472***	6.578***	5.608***
	-0.204	-0.106	-0.589	-0.203	-0.097	-0.589
年份	控制	控制	控制	控制	控制	控制
行業	控制	控制	控制	控制	控制	控制
樣本量	9,037	4,603	4,434	9,037	4,603	4,434
R-squared	0.292	0.316	0.277	0.292	0.316	0.277

表 4.7 所示為女性董事對高管薪酬業績彈性影響的估計結果。結果顯示,即使加入女性董事和淨資產收益率的交互項以後,femdsrate 的係數和 totalfemds 的係數仍顯著為負,意味著女性董事比例越大或者女性董事總人數

越多,高管薪酬水準越低 這再次說明女性董事確實能約束企業高管的薪酬。roe 的係數顯著為正,意味著隨著企業業績上升高管薪酬增加,說明在控制其他因素的影響後,企業的高管薪酬業績彈性確實存在。表4.7 (1) 列顯示femdsrate 和 roe 的交互項的係數顯著為正,意味著女性董事比例越高的企業高管薪酬業績彈性越大,即女性董事增加了企業高管薪酬業績彈性。表4.7 (2)、(3) 列是針對國有企業和非國有企業的子樣本的估計結果,同理,公司的所有制性質按公司的實際控制人性質分為國有和非國有公司。結果顯示,表4.7 (2) 列中國有企業中的 femdsrate 和 roe 的交互項的系數不顯著,表4.7 (3) 列中非國有企業中 femdsrate 和 roe 的交互項的係數顯著,說明女性董事對企業高管薪酬業績彈性的增加作用在非國有企業中更加有效。表4.7 (4)、(5)、(6) 列是用 totalfemds 替換 femdsrate 做的估計結果,和 femdsrate 的結果基本一致。說明女性董事增加了高管薪酬業績彈性,尤其對非國有企業高管薪酬業績彈性的正向影響是穩健的。

表 4.7　女性董事對高管薪酬業績彈性的影響的估計結果

變量名稱	(1) 全樣本 lnwage	(2) 國有 lnwage	(3) 非國有 lnwage	(4) 全樣本 lnwage	(5) 國有 lnwage	(6) 非國有 lnwage
femdsrate	-0.328***	-0.225***	-0.320***			
	-0.082	-0.06	-0.112			
totalfemds				-0.026***	-0.021***	-0.019**
				-0.006	-0.005	-0.008
roe	0.874***	1.373***	0.584***	0.900***	1.450***	0.586***
	-0.122	-0.246	-0.211	-0.128	-0.253	-0.209
femdsrate * roe	2.658***	0.033	4.328**			
	-0.869	-0.942	-1.796			
totalfemds * roe				0.224***	-0.05	0.376**
				-0.083	-0.088	-0.16
totalds	0.014***	0.018***	0.009***	0.015***	0.022***	0.008***
	-0.002	-0.002	-0.003	-0.002	-0.002	-0.002
ppe	-0.321***	-0.208**	-0.380***	-0.321***	-0.209**	-0.378***
	-0.058	-0.085	-0.032	-0.058	-0.084	-0.033

表4.7(續)

變量名稱	(1) 全樣本 lnwage	(2) 國有 lnwage	(3) 非國有 lnwage	(4) 全樣本 lnwage	(5) 國有 lnwage	(6) 非國有 lnwage
tbq	0.017**	0.025**	0.006	0.018**	0.025**	0.008
	−0.007	−0.01	−0.008	−0.007	−0.01	−0.008
mb	−0.042***	−0.117***	−0.027***	−0.042***	−0.117***	−0.027***
	−0.015	−0.021	−0.008	−0.015	−0.02	−0.008
lnasset	0.253***	0.285***	0.240***	0.253***	0.284***	0.241***
	−0.011	−0.034	−0.003	−0.011	−0.034	−0.003
lev	−0.308***	−0.232***	−0.356***	−0.306***	−0.231***	−0.352***
	−0.025	−0.04	−0.061	−0.025	−0.04	−0.062
insti	0.009***	0.005**	0.010***	0.009***	0.005**	0.010***
	−0.001	−0.002	−0.001	−0.001	−0.002	−0.001
equ	−0.178***	−0.177***	1.479***	−0.181***	−0.178***	1.519***
	−0.038	−0.023	−0.268	−0.037	−0.022	−0.28
dual	0.117***	0.124***	0.127***	0.117***	0.124***	0.126***
	−0.007	−0.012	−0.025	−0.007	−0.012	−0.025
lexpr	0.029**	0.02	0.039***	0.029**	0.021	0.039***
	−0.012	−0.022	−0.009	−0.012	−0.022	−0.009
常數項	8.297***	7.607***	8.512***	8.271***	7.589***	8.482***
年份	控制	控制	控制	控制	控制	控制
行業	控制	控制	控制	控制	控制	控制
樣本量	9,037	4,603	4,434	9,037	4,603	4,434
R-squared	0.33	0.314	0.35	0.33	0.314	0.35

4.4.3 其他相關檢驗

由於高管是利用自身權力牟取超額薪酬,會通過造假、會計操縱、盈餘管理方式增加自身薪酬,而這些行為對公司的內部控制和監管產生不利。此外,高管的天價薪酬會讓投資者擔心公司治理失敗,使投資者對公司的未來價值產

生擔憂。而女性董事通過加強監督經理人的行為，會減少高管的超額薪酬對公司價值的負向影響。高管的超額薪酬、超額薪酬與女性董事的交互項對公司的市場價值和會計業績的影響結果如表 4.8 所示。表 4.8 前三列的因變量為股票年度超額收益率 car ［car = 股票年度超額回報 = 公司年度回報率（包含分紅）－市值加權平均的市場年度回報率］，表 4.8 後三列的因變量為淨資產收益率的對數值 roe。自變量為女性董事比例 femdsrate、高管超額薪酬的對數值 overpay、女性董事比例和高管超額薪酬的對數值的交互項 femdsrate * overpay、股票 BETA 值 beta、市帳比 mb、公司股票市值的自然對數 mv、公司盈餘/公司年末股票市值 ep。從結果來看，無論因變數是股票超額收益率還是淨資產收益率，高管的超額薪酬對公司的價值都有顯著的負向影響，而女性董事比例和高管超額薪酬的交互項 femdsrate * overpay 的係數在全樣本中顯著為正，意味著從總體來看，女性董事緩解了超額薪酬對公司市場價值和會計價值的負向影響。說明公司出現超額薪酬的時候，投資者對女性董事多的公司的未來價值擔心更小；從會計價值來看，女性董事也確實緩解了這類公司的高管超額薪酬對公司的會計價值的影響。公司的所有制性質按公司的實際控制人性質分為國有和非國有公司。從子樣本的估計結果來看，女性董事比例和高管超額薪酬的交互項 femdsrate * overpay 在國有企業中並不顯著，而在非國有企業中是顯著為正。這意味著無論是用會計指標中的淨資產收益率還是市場中的股票超額收益率來衡量企業的價值，女性董事通過薪酬監管制度對國有企業產生的作用都不顯著，但是對非國有企業產生的作用是非常顯著的。這樣的結果進一步證實了女性董事對非國有企業的治理作用更加顯著的結論。

表 4.8　　女性董事對高管超額薪酬和企業業績關係的影響

變量名稱	(1) car	(2) car	(3) car	(4) car	(6) car	(5) car
femdsrate	−0.312	−0.292	−0.628	−0.857	−0.202	−1.723
	(0.317)	(0.211)	(0.449)	(1.327)	(0.124)	(1.549)
overpay	−0.080***	−0.072*	−0.090***	−0.097**	−0.014***	−0.171***
	(0.021)	(0.037)	(0.013)	(0.041)	(0.002)	(0.051)
femdsrate * overpqy	0.157**	0.064	0.216***	1.035**	0.014	1.082***
	(0.062)	(0.097)	(0.062)	(0.094)	(0.009)	(0.126)
beta	0.108	0.191	0.046	0.123	−0.026***	−0.143

表4.8(續)

變量名稱	(1) car	(2) car	(3) car	(4) car	(6) car	(5) car
	(0.174)	(0.187)	(0.148)	(0.170)	(0.008)	(0.189)
mb	-0.119***	-0.103***	-0.152***	-0.693***	-0.047***	-0.773***
	(0.019)	(0.017)	(0.020)	(0.035)	(0.003)	(0.091)
mv	0.099***	0.079**	0.137***	0.019	0.020***	-0.025
	(0.025)	(0.031)	(0.021)	(0.075)	(0.002)	(0.056)
ep	0.000	0.000	0.000	0.016***	0.001***	0.019***
	(0.000)	(0.000)	(0.000)	(0.001)	(0.000)	(0.002)
常數項	-2.136***	-0.857	-2.935***	-13.838***	-0.202	-14.561***
	(0.817)	(1.327)	(0.840)	(1.425)	(0.124)	(1.644)
觀測值	9,037	4,603	4,434	9,037	4,603	4,434
R-squared	0.213	0.199	0.260	0.108	0.491	0.100

　　為了進一步說明女性董事對經理人通過高額薪酬攫取利益的行為監督更有力度，筆者用模型檢驗了董事會薪酬委員會中男性董事和女性董事的任職情況。薪酬委員會是董事會中制訂公司員工薪酬計劃的機構，因此薪酬委員會中成員的特徵對整個公司的薪酬都有重要影響。首先根據樣本中公司名稱、年份、董事名稱，將樣本中的董事數據分別與 CSMAR 數據庫中「高管動態」子數據庫中的「委員會成員情況文件」以及「高管動態」子數據庫中關於董事會成員的信息進行匹配，然後估計影響董事在薪酬委員會中任職的概率的模型，其中因變量為該董事成員是否為薪酬委員會的成員 compen，自變量為該董事是否為女性董事的虛擬變量 femdsdu，控制變量包括公司的規模總資產對數值 lnasset、公司的資產負債比 lev、公司董事會規模 totalds、公司獨立董事比例 inpenr、該董事的年齡 age、公司是否兩職兼任 dual、公司的固定資產比例 ppe、公司的市帳比 mb。估計結果如表 4.9 所示。結果顯示，femdsdu 的係數顯著為正，意味著女性董事更有可能成為董事會薪酬委員會的成員，說明女性董事制訂公司薪酬計劃、監督經理人實施薪酬計劃的作用是被董事會和上市公司認可的。

表 4.9　　女性董事在董事薪酬委員會中任職

變量名稱	compen
femdsdu	0.064,0***
	(0.016,7)
lnasset	−0.003,59
	(0.010,2)
lev	0.046,7
	(0.046,8)
lnasset	−0.000,370
	(0.000,562)
totalds	−0.026,0***
	(0.004,43)
inpenr	0.050,9***
	(0.005,17)
age	−0.003,02***
	(0.000,795)
dual	−0.023,7
	(0.021,0)
ppe	0.068,7
	(0.051,3)
mb	0.013,2
	(0.035,3)
常數項	−1.088***
	(0.211)
年份	控制
行業	控制
觀測值	83,472

4.5 本章小結

　　激勵合約是公司內部重要的治理機制。研究女性董事對激勵合約的影響有助於從內部治理機制研究女性董事對公司治理的影響。本章的研究證實女性董事確實能夠使高管的激勵合約更合理，女性董事降低了因高管超額薪酬引發的代理成本。本章用 2007—2013 年中國 A 股上市公司的數據，研究女性董事對高管薪酬的影響。本章的主要結論如下：第一，女性董事能約束高管的超額薪酬。上市公司董事會中女性董事人數越多或者女性董事比例越大，高管超額薪酬越低，說明女性董事能夠更好地監督高管，降低高管通過超額薪酬攫取私利的可能性。第二，女性董事能減少高管的在職消費。上市公司董事會中女性董事人數越多或者女性董事比例越大，高管在職消費越少，說明女性董事能夠更好地監督高管，降低高管通過在職消費攫取私利的可能性。第三，女性董事能夠縮小高管和普通員工之間的薪酬差距。上市公司董事會中女性董事人數越多或者女性董事比例越大，高管和普通員工之間的薪酬差距越小，說明女性董事在約束高管超額薪酬的同時，也能緩解高管和普通員工之間薪酬的不公平性。第四，女性董事能夠提高高管薪酬業績敏感性。上市公司董事會中女性董事人數越多或者女性董事比例越大，高管薪酬業績敏感性越高，說明女性董事能夠增加薪酬契約的有效性，使高管薪酬和企業業績關聯性更強，更能使高管和股東之間的利益一致化。第五，鑒於女性董事在不同所有制企業中的分佈差異懸殊，通過把樣本分為國有企業和非國有企業子樣本分析，結果發現，女性董事對非國有企業中的高管薪酬的影響比對國有企業中的高管薪酬影響更顯著。進一步通過研究女性董事和超額薪酬的交互項對企業業績的影響發現，女性董事減小了公司高管超額薪酬對公司業績的負向影響，說明女性董事越多或者比例越大，高管通過損害公司利益而牟取超額薪酬的程度越低。為了驗證在高管薪酬的監督工作上，女性董事是否比男性董事表現更加優秀，筆者研究了董事在薪酬委員會中任職的可能性，結果發現，女性董事更有可能在薪酬委員會中任職。

　　本章研究的啟示主要有兩點：首先，總體來看，女性董事對高管的超額薪酬、在職消費、高管和員工之間的薪酬差距都起到了約束作用，對高管薪酬業績敏感性有正向的影響，說明女性董事確實能夠降低高管薪酬引發的代理成本，緩解高管和股東之間的利益衝突。增加董事會中女性董事人數和比例，增

加女性董事在制定高管薪酬契約方面的話語權和監督高管薪酬契約執行的力度，對緩解目前高管薪酬契約不合理的現象有重要作用。其次，女性董事在國有企業比在非國有企業中對高管薪酬的影響更小，並且描述統計圖也發現，女性董事在國有企業中的比例和人數都遠遠低於非國有企業，說明國有企業中董事會的性別同質化嚴重，女性董事在國有企業中不能充分發揮她們應有的監督職能。面對當前國有企業代理成本偏高的現象，增加國有企業中女性董事的比例和人數，增加國有企業中女性董事的話語權，對改善當前國有企業的治理是有意義的。

5 女性董事對現金股利的影響

5.1 引言

　　激勵和約束是公司內部治理機制的兩個重要組成部分。發放現金股利是約束經理人過度使用自由現金流行為的重要機制。現金股利被認為是股東和經理人間的主要代理問題之一。Jensen（1986）提出自由現金流假說，認為股利政策選擇是公司經理人與股東的主要利益衝突表現。出於自身利益，管理層更傾向於降低股利支付，將自由現金流用作擴大組織規模，甚至做出有損企業價值的投資決策；而股東更傾向於較高的股利支付。因此，支付現金股利可減少管理層濫用自由現金流的機會。Easterbrook（1984）認為，現金股利減少了公司的留存收益，內部融資減少迫使經理人在資本市場上獲取債務融資或者權益融資。無論哪種融資方式，都可以使企業接受更多外部市場的監督，從而減小股東監管壓力。因此，支付現金股利可以降低經理人和股東之間的代理成本，而過少的現金股利被認為是高代理成本問題。中國市場上一直存在發放現金股利較少的情況，中國上市公司因此被稱為「鐵公雞」，這既打擊了投資者的熱情，也阻礙了資本市場發揮其應有的融資職能。如何改變中國上市公司的低現金股利發放水準現狀是重要的研究議題。良好的董事會治理可以使公司制定並實施合理的現金股利政策。文獻研究發現，董事會的規模會影響公司的現金股利政策（安玉琢和劉豔華，2010），董事會的獨立性與現金股利呈正向相關關係（馮慧群和馬連福，2013；李占雷和吳斯，2011）。董事會的性別是董事會治理結構的重要內容。那麼，董事會的性別會對公司的現金股利政策產生怎樣的影響呢？本章將女性董事對公司治理的作用引入現金股利研究。之所以選擇現金股利這一角度來研究女性董事對公司治理的影響，是基於以下考慮：第一，現金股利一直是學術界的研究熱點，雖然有很多文獻研究了影響公司現金

股利政策的因素，但是研究董事會性別對現金股利政策影響的文獻很少。第二，董事會多元化是董事會治理研究的重要內容，董事會性別多元化可降低經理人和股東之間的代理成本已得到很多文獻的支持，而現金股利政策是一種重要代理成本表現，研究女性董事對現金股利政策的影響及其影響機制，對豐富女性董事對公司治理影響的研究將起到重要作用。

5.2 文獻回顧與理論假設

5.2.1 現金股利的影響因素

發放現金股利是緩解經理人和股東之間的代理問題的重要方式。影響公司現金股利政策的因素很多，包括公司特徵和公司治理現狀。

從公司特徵方面的研究結果來看，研究公司規模對現金股利政策影響的文獻發現，和小規模公司相比，大規模公司融資約束小，並且大公司大多處於成熟期，投資機會較少，因此大規模公司比小規模公司更傾向於發放現金股利（Eije 和 Megginson，2006）。也有文獻研究公司成長能力對現金股利政策的影響。公司的快速發展需要大量內部資金的支持，從而減弱了現金股利發放能力，大部分文獻發現公司成長能力與現金股利存在反向關係（Rozeff，2006；La Porta 等，2000）。由於公司現金流受公司收益影響，Healy 和 Palepu（1988）發現現金股利隨著公司收益增長而增加，隨著收益減少而減少。

除了公司特徵，更多文獻從公司治理角度研究現金股利政策。Jensen（1986）提出的自由現金流假說認為，公司經理與股東的利益衝突主要表現在股利政策上，管理層有動機為了自己的利益降低股利支付，將自由現金流用作擴大組織規模，實現「帝國建設」（empire building），甚至做出有損企業價值的投資決策，從而損害股東的利益。弱公司治理會導致對經理人的行為監督不到位，經理人濫用自由現金流進行過度投資的成本小，發放現金股利的可能性更小，反之亦然。呂長江和周縣華（2005）研究發現，在中國資本市場上，高管和董事會的薪酬越高，高管通過薪酬以外的方式攫取利益的動機越小，高管濫用自由現金流的動機越小，發放現金股利越多。加強對經理人的監督，經理人濫用現金流的成本升高，公司發放現金股利的可能性更大。由於機構投資者比普通投資者在監督經理人方面更加專業，Short 等（2002）用美國公司的數據研究發現公司股利支付率與機構持股成正相關關係。董事會特徵是公司治理研究的重要內容，因而會影響現金股利政策。由於董事會的規模越大，對經理

人的監督越全面，對經理人的約束作用也就越大。安玉琢等（2009）利用中國上市公司的數據實證分析發現董事會規模越大，現金股利發放水準越高。李占雷和吳斯（2011）以中小板上市公司的樣本研究，同樣發現董事會規模與現金股利存在正向相關關係。王冠敏（2008）研究發現董事會規模越大，公司現金股利穩定性越強。Fama（1980）認為獨立董事能夠減小高管和股東之間的代理衝突，董事會獨立性越高，公司代理成本越低。因此，公司董事會獨立性越高，越能避免高管濫用自由現金流進行過度投資，從而增加發放現金股利。馮慧群和馬連福（2013）用中國上市公司的數據，驗證了董事會獨立性與現金股利的正向相關關係。陳立泰和林川（2011）利用2003—2008年中國上市公司的樣本，分析發現董事會規模越大、獨立董事人數越多的公司越傾向於派發現金股利，而CEO與董事長兼任的公司發放現金股利的可能性更小。目前從董事會角度研究現金股利發放水準的影響因素主要關注於獨立董事的比例。研究董事會性別對現金股利政策的影響的文獻很少。國外Byoun等（2013）研究了董事會性別多元化對現金股利政策的影響，結果發現，和僅有男性董事會成員的公司相比，性別多元化的董事會發放現金股利的可能性更大，並且發放現金股利的水準也更高。國內則還沒有文獻對中國資本市場女性董事對現金股利的影響進行過研究。

5.2.2　女性高管對現金股利的影響

心理學的研究發現，女性比男性更加厭惡風險。Lichtenstein等（1977）研究男性和女性風險偏好的區別，結果發現女性更加傾向於規避風險，比男性更不容易過度自信。Powell和Ansic（1997）從投資者角度研究男性與女性的風險偏好，結果發現女性投資者比男性投資者更加厭惡風險。Faccio（2012）研究女性的風險偏好對企業財務風險的影響，結果發現女性CEO經營的企業財務槓桿低、盈餘波動小、生存機會更大。Huang和Kisgen（2013）研究發現男性經理人員的併購行為和債務融資更頻繁，而公司的併購和債務融資面臨不確定性，導致企業經營風險更大。若經理人在過度投資過程中對項目的盈利性考慮不充分，甚至投資於效益為負的項目，會顯著增加企業的風險。Watson和McNaughton（2007），Charness和Gneezy（2012）的研究都發現，出於風險規避的目的，女性高管更不容易過度投資。女性董事更加厭惡風險，對經理人投資行為監管更加嚴格，從而降低了經理人過度投資的可能性。Lev等（2011）用1997—2009的標準普爾公司數據分析發現，女性董事比例增加能減少公司發起的競標量。Kalay（1982）認為，投資政策和現金股利政策之間是相互依

赖的。自由現金流理論認為，管理者持有過多現金資源會導致其濫用多餘的現金，甚至將自由現金流浪費在負淨現值的投資項目上，從而減少現金股利發放。由於女性董事減小了經理人濫用自由現金流過度投資的可能性，公司有更多現金流保證現金股利發放。筆者預計，女性董事減少了經理人的過度投資行為，使經理人派發更多現金股利。心理學研究發現，相對於男性，女性的工作態度、道德規範、決策方式更優。Krishnan 和 Parsons（2008）發現，女性更加遵守道德規範，更不容忍機會主義行為。過度投資是經理人利用自由現金流，以企業投資失敗的風險來牟取個人私利，是經理人的機會主義行為。女性董事對這種行為容忍度更低。此外，Kandel 和 Lazear（1992）發現，團隊成員的異質性會增加成員之間的競爭壓力，會有更好的監督作用。Adams 和 Ferreira（2009）發現，女性董事有更高的董事會會議出勤率，並且男性董事的出勤率隨著女性董事比例的提升而升高。Adams 和 Ferreira（2009）研究還發現，女性董事成為董事委員會成員的可能性更大。Hillman 等（2007）研究發現，女性董事由於更加謹慎，她們會制定更嚴格的標準規定經理人的財務報告，這樣也能更好地監督經理人的行為。女性董事加強對經理人的監督，提高了經理人濫用自由現金流的成本，因此，經理人濫用自由現金流的可能性更小，從而增加了公司發放現金股利的可能。根據以上分析，提出假設 H1：女性董事對企業現金股利發放水準有正向影響。投資政策和現金股利政策之間是相互依賴的（Kalay，1982）。Vogt（1994）研究發現，過度投資水準高的企業股利水準較低。公司過度投資越嚴重，意味著公司代理成本越高，改善公司治理對存在過度投資的公司的現金股利政策的積極作用越大。Watson 和 McNaughton（2007），Charness 和 Gneezy（2007）的研究都發現，女性更為保守，更加規避風險，女性高管更不傾向於過度投資。Adams 和 Ferreira（2009），Jurkus 等（2011）研究發現，女性董事對代理成本大的公司治理效應更好。國內學者祝繼高等（2012）用金融危機提供的自然實驗機會實證發現，在金融危機期間，女性董事對公司的投資水準的負向影響在存在過度投資的公司效應更明顯。因此，提出假設 H2：對於存在過度投資行為的企業，女性董事對現金股利的正向影響更加顯著。

　　Rozeff（1982）和 Easterbrook（1984）提出的股利代理成本理論認為，發放現金股利可以防止經理人濫用自由現金流，從而降低經理人和股東之間的代理成本；但是支付股利提高了公司的融資成本，公司需要權衡代理成本和融資成本來選取最佳的股利政策，從而使總成本最低。因此，公司的股利政策與公司的融資約束有關。當公司的融資約束越大，外部融資成本越高，公司越有可

能降低股利支付率以保證公司的投資活動。魏鋒（2004）用中國製造業公司的數據分析，發現上市公司的現金股利和融資約束存在顯著的負相關關係。企業的外部融資約束與企業的信息不對稱度相關。在非完美市場中，外部人由於比內部人獲得的投資信息更少，外部人面臨信息不對稱的風險，需要比內部人更高的投資回報來彌補信息不對稱造成的風險。信息不對稱程度越高，外部融資約束越大，導致外部融資成本越高，企業對內部資金越依賴，從而股利發放水準越低。因此，降低企業信息不對稱程度可減小企業外部融資約束，減小企業對內部資金的依賴，提高企業現金股利的發放水準。Adams 和 Ferreira（2009）研究發現，女性董事較男性董事更加厭惡風險，在監管工作中更加努力。他們還發現，由於更加厭惡風險，對監管經理人的工作更加專注、負責，女性董事缺席董事會會議的可能性更小。Hillman 等（2007）研究發現，女性董事的風險規避會使她們對經理人的報告制定更多、更嚴格的標準，從而提高財務報告的可靠性，進而向投資者傳遞更多的信息。總體而言，女性董事更有利於加強對經理人的監督，提高公司的信息透明度。尤其在信息披露質量差的公司，女性董事對經理人的報告的嚴格標準使投資者獲得的信息更加珍貴，提高報告的可靠性對緩解公司信息不對稱的作用更加顯著。公司信息不對稱程度降低，有利於降低融資成本，減少公司對內部資金的依賴，提高公司現金股利發放水準。由此，提出假設 H3：女性董事緩解了公司信息不對稱對公司現金股利的負向影響。

　　管理層權力對現金股利政策有影響。管理層權力可以通過對董事會、股東大會的影響，從而影響企業的重大決策（Finkelstein，1992）。管理層權力越大，經理人受到的監督就越弱，管理層話語權越強，對董事會和股東大會的影響越大，管理層通過控制企業自由現金流攫取自身利益的成本也越低，這就增大了公司過度投資的可能性。因此，管理層權力越大，公司過度投資的現象越嚴重，發放現金股利的水準越低。王茂林等（2014）研究發現，管理層權力大小與現金股利支付率呈顯著的負向相關關係。董事長和總經理兩職兼任以及管理層長任期是兩個衡量代理成本的重要指標。本章用這兩個指標作為管理權利的代理變量，研究女性董事對現金股利和管理層權力關係的影響。Bebchuk 等（2002）認為，董事長和總經理兩職合一使公司的代理問題混亂，管理層可以影響董事會的決策。Jensen 和 Meckling（1976）認為，在兩職分離的企業，董事會能夠更加嚴密地監督和控制經理人。兩職兼任使董事會對管理層的監管作用減小。張兆國等（2013）發現，兩職兼任使管理層更有可能實現自身意志，因此，管理層更有動機利用權力進行低效率投資行為。管理層任

期越長，管理層權力越大，股東和經理人之間的代理成本越高。French 和 raven（1959）、Zald（1969）的研究發現，CEO 任期越長，越有可能熟悉企業的組織資源、運作方式、技術文化，這越有利於 CEO 攫取個人權利。CEO 的任期越長，越有可能任命對自己有利的外部董事，因此 CEO 長任期就成為其個人影響力的象徵。Alderfer（1986）發現，CEO 擁有的組織影響力在任期早期較弱，在任期後期加大。Fredrickson（1988）等發現，CEO 對董事會和企業內部信息系統的控制力隨著 CEO 的任期增長而逐漸增強。Bebchuk 等（2002）發現，CEO 任期越長，越有可能通過董事委員會中任職的提名或者推薦好友為董事委員會成員，增強對董事會的控制力。管理層任期越長，管理層權力越大，越有動機實施自利行為，如通過過度投資來實現「帝國建設」。李培功和肖珉（2012）研究了中國上市公司 CEO 的任期對企業投資水準和投資效率的影響，結果發現，國有企業與非國有企業中的 CEO 既有任期越長，企業的投資水準越高，CEO 預期任期越短，企業的投資水準越低；國有企業 CEO 的既有任期越長，過度投資問題越嚴重；CEO 的預期任期越短，過度投資問題越容易得到緩解；而非國有企業中管理者任期與投資效率沒有顯著的關係。過度投資以損失股東的現金股利為代價，因此，管理層任期越長，其權力就越大，企業發放的現金股利也就越少。Farinha（2003）的研究也發現，CEO 任期越長，CEO 權力越大，公司發放現金股利的可能性越小。和男性董事相比，女性董事在約束管理層權力方面更有優勢，從而能緩解管理層權力對現金股利的負向影響。Hillman 等（2007）研究發現，女性董事相對於男性董事來說，與經理人的關係更為獨立，這是因為隱性的性別歧視以及不同於男性董事的職業晉升渠道，使女性董事往往需要更高的學歷和更高的能力證明才能進入董事會，而這反而增加了女性董事的獨立性。增加董事會的獨立性能加強對經理人的監督。馮慧群和馬連福（2013）、李占雷和吳斯（2011）的研究都發現，董事會的獨立性與現金股利呈正向相關關係。尤其對於兩職兼任的企業，由於管理層權力大，管理層更容易越權影響董事會的決策。增加董事會的獨立性可以減少管理層權力干預董事會的決策和監督，從而能夠使董事會更好地監督管理層行為。此外，著名心理學家勞倫斯・柯爾伯格認為，和男性相比，女性對不道德的行為容忍度更低。耶路撒冷大學教授里查德・埃伯施特恩率領的科研小組研究發現，由於女性體內比男性體內含有更多的無私基因，女性比男性更偏好公平公正。Krishnan 和 Parsons（2008）發現，女性更加遵守道德規範，更難容忍機會主義行為。因此，和男性董事相比，女性董事對於權力大的管理層通過損害投資者的利益牟取私利的行為容忍度更低。筆者預計，女性董事能減小

高管權力對企業現金股利的負向影響。由此，筆者提出假設 H4a 和 H4b。H4a：女性董事能減小兩職兼任對現金股利水準的負向影響。H4b：女性董事能減小 CEO 任期對現金股利水準的負向影響。

5.3 研究設計

5.3.1 樣本選取與數據來源

本章選擇中國滬深股市 2007—2013 年所有 A 股上市公司作為研究樣本。由於金融行業的樣本具有特殊性，遵循以往文獻研究，筆者剔除了金融行業的樣本，同時剔除數據缺失的樣本，對變量進行上下 1% 截尾處理。筆者根據 CSMAR 數據庫中董事個人資料整理得到女性董事總人數和比例的數據，其他公司治理的數據和公司財務數據也都來自 CSMAR 數據庫。

5.3.2 變量選擇和定義

本章用股利支付率衡量企業發放現金股利的水準。借鑑 Carter 等（2003）、Williams（2003）、Nielsen（2010）的方法，選擇女性董事比例（femdsrate）作為自變量，借鑑 Farrell 和 Hersch（2005）、Gul 等（2011）的方法，用女性董事總人數（totalfemds）衡量女性參與董事會的程度作為穩健性檢驗，同時借鑑以往研究影響現金股利水準的文獻，筆者控制了以下因素：董事會規模（totalds）、董事會中獨立董事比例（indpr）、第一大股東持股比例（shrcr1）、固定資產比例（ppe）、淨資產收益率的對數值（roe）、托賓 Q（tbq）、總資產對數（lnasset）、資產負債比（lev）、mb（市帳比）、高管持股比例（equ）、機構持股比例（insti）。筆者分別用女性董事比例（femdsrate）和女性董事總人數（totalfemds）代表女性董事參與董事會的水準。對於是否存在過度投資的虛擬變量 over，筆者借鑑 Richardson（2006）、呂長江和張海平（2011）的投資模型，將總投資分為維持性投資和新增投資：

$$I_T = I_M + I_N \qquad (5-1)$$

式中，I_T 為總投資，I_T＝構建固定資產、無形資產和其他長期資產支付的現金＋取得子公司及其他營業單位支付的現金淨額－處置固定資產、無形資產和其他長期資產收回的現金淨額－處置子公司及其他營業單位收到的現金淨額；

I_M 為維持性投資，I_M＝固定資產折舊＋無形資產攤銷＋長期待攤費用攤銷；

I_N 表示新增投資，可以分解為投資在一個新的正 NPV（淨現值）項目上的預期花費和非預期投資，其可利用式（5-2）獲得。

$$I_N = \alpha + \beta VP_{T-1} + \delta Z + I_{NE} \tag{5-2}$$

VP 為衡量公司成長機會，用托賓 Q 表示；Z 為投資的其他因素，包括公司規模、上市年限、年初貨幣資金、財務槓桿、年度股票回報率、前期投資水準，在控制年度固定效應和行業固定效應後，通過估計方程（5-2）投資期望模型，可以算出預期投資水準；I_{NE} 為非效率的投資水準，把樣本具體劃分為過度投資的公司和投資不足的公司，當 I_{NE}>0 時，說明投資過度，over＝1；反之，則 over＝0。關於信息透明度的指標，國內學者多用上市公司信息披露質量來衡量信息透明度，如潘越等（2011）就是用深市上市公司信息披露質量代表上市公司信息透明度。由於數據的可得性，信息披露質量的樣本只包含深市上市公司。因此，信息透明度的樣本只包含深市上市公司。變量定義如表 5.1 所示。

表 5.1　　　　　　　　　　　變量定義

變量名稱	變量含義	備註
div	股利支付水準	每股現金股利/每股盈利
totalfemds	女性董事總人數	
femdsrate	女性董事比例	女性董事總人數/董事會總人數
totalds	公司董事總人數	
ineffinvest	非效率投資	
over	企業是否存在過度投資的虛擬變量	
quality	深市上市公司信息披露質量考評分數，分為 1~4 分，分數越高，信息披露質量越差	
dual	董事長和 CEO 兼任的虛擬變量，當兩職兼任的時候，dual＝1；否則 dual＝0	
lexpr	CEO 任期長短的虛擬變量，當 lexpr 大於樣本中值的時候，意味著 CEO 任期長，管理層權力大，lexpr＝1；反之，CEO 任期短，管理層權力小，lexpr＝0	

表5.1(續)

變量名稱	變量含義	備註
ppe	固定資產比例	
roe	淨資產收益率的對數值	
tbq	托賓Q	
lnasset	總資產對數值	ln（總資產量）
lev	資產負債比	總負債/總資產
mb	市帳比	市場價值/帳面價值
equ	高管持股比例	
insti	機構持股比例	

5.3.3 模型設計

為了驗證假設1，研究女性董事對現金股利發放水準的影響，對模型(5-3)進行檢驗：

$$\text{div}_{it} = \beta_0 + \beta_1 * \text{femdsrate}_{it} + \beta_2 * \text{totalds}_{it} + \beta_3 * \text{ppe}_{it} + \beta_4 * \text{roe}_{it} + \beta_5 * \text{tbq}_{it} + \beta_6 * \text{mb}_{it} + \beta_7 * \text{lnasset}_{it} + \beta_8 * \text{lev}_{it} + \beta_9 * \text{insti}_{it} + \beta_{10} * \text{equ}_{it} + \text{year} + \text{industry} + \varepsilon_{it}$$
(5-3)

為了檢驗假設2、假設3和假設4，估計模型（5-4）：

$$\text{div}_{it} = \beta_0 + \beta_1 * \text{femdsrate}_{it} + \beta_2 * ?\text{variable}_{it} + \beta_3 * ?\text{variable}_{it} * \text{femdsrate}_{it} + \beta_4 * \text{totalds}_{it} + \beta_5 * \text{ppe}_{it} + \beta_6 * \text{roe}_{it} + \beta_7 * \text{tbq}_{it} + \beta_8 * \text{mb}_{it} + \beta_9 * \text{lnasset}_{it} + \beta_{10} * \text{lev}_{it} + \beta_{11} * \text{insti}_{it} + \beta_{12} * \text{equ}_{it} + \text{year} + \text{industry} + \varepsilon_{it}$$
(5-4)

其中，變量在檢驗假設2的時候為over，在檢驗假設3的時候為quality，在檢驗假設4的時候為dual和lexpr。由於當年任命的女性董事可能在下年的股利政策才能產生影響，筆者對於每個估計模型都用女性董事比例femdsrate或者totalfemds的之後一項，即lfemdsrate、ltotalfemds替換當前變量，重新估計做穩健性檢驗。

5.4 實證結果與分析

5.4.1 描述性統計

從表 5.2 的描述統計來看，公司女性董事比例差距大，最高的比例達到 44%，最低為 0，即公司中的董事全部是男性。平均來看，公司中女性董事比例為 12.3%。從女性董事的人數來看，女性董事總人數最多的公司達到 5 人，平均來看則只有 1.3 人。總體來看，中國上市公司的女性董事偏少，女性進入董事會能增強董事會的性別多元化。因變量 div 現金股利發放比例的均值為 0.114，意味著平均來看，中國上市公司每股現金股利的發放水準僅占每股盈利的 11.4%，說明目前中國上市公司現金股利發放水準仍然很低；div 的最小值為 0，最大值為 0.8，意味著有上市公司沒有發放現金股利，而發放股利水準最高的公司每股現金股利占每股盈利的 80%；div 的標準差為 0.145，意味著現金股利發放比例在公司之間存在巨大差距。表 5.3 所示為主要變量的相關係數。從結果來看，女性董事比例 femdsrate 和女性董事總人數 totalfemds 對上市公司的現金股利呈顯著的正相關關係，初步證明了女性董事能提高公司現金股利發放水準的假設，為後面的計量模型估計奠定了基礎。

表 5.2 主要變量描述統計

變量	樣本量	均值	標準差	最小值	中值	最大值
div	9,181	0.114	0.145	0.000	0.080	0.800
femdsrate	9,181	0.123	0.108	0.000	0.100	0.444
totalfemds	9,181	1.297	1.141	0.000	1	5
over	9,181	0.462	0.499	0.000	0.000	1.000
dual	9,181	0.197	0.397	0.000	0.000	1.000
totalds	9,181	10.730	2.349	6.000	10.000	18.000
ppe	9,181	0.204	0.168	0.000	0.164	0.720
roe	9,181	0.087	0.086	−0.173	0.077	0.385
tbq	9,181	1.826	1.463	0.181	1.436	7.965
mb	9,181	1.018	0.965	0.126	0.697	5.529

表5.2(續)

變量	樣本量	均值	標準差	最小值	中值	最大值
lnasset	9,181	21.920	1.225	19.870	21.720	25.800
lev	9,181	0.443	0.204	0.046	0.454	0.842
insti	9,181	5.507	8.111	0.000	1.620	36.530
equ	9,181	0.071	0.161	0.000	0.000	0.659

表 5.3　　　　　　　　　　主要變量的相關係數

變量	div	femdsrate	totalfemds	over	quality	dual	lexpr	roe	mb	lnasset	lev
div	1	0.012***	0.025***	-0.019***	-0.303***	-0.077***	0.018	0.534***	-0.196***	0.164***	-0.248***
femdsrate	0.017***	1	0.959***	-0.007**	-0.008	-0.135***	0.027	-0.010	0.008	-0.088***	-0.03
totalfemds	0.022***	0.949***	1	-0.105**	-0.020	-0.093***	0.016	-0.01	0.052***	-0.023	0.005
over	-0.011**	-0.006**	-0.104**	1	-0.006	0.027	-0.025	0.019	0.018	0.025	0.031*
quality	-0.220***	0.009**	0.012**	-0.025**	1	0.013	0.026	0.269***	-0.038**	0.170***	-0.067***
dual	-0.051***	0.120***	0.084***	-0.002	0.010*	1	0.046**	0.027	-0.109***	-0.134***	-0.160***
lexpr	-0.012**	0.029***	0.017***	-0.025**	0.023***	0.046***	1	0.054***	-0.011,0	0.032*	0.079*
roe	0.488**	-0.003	-0.020**	0.018**	0.236***	0.022***	0.049***	1	-0.301***	0.184***	-0.044**
mb	-0.173***	-0.017*	0.025**	-0.010**	-0.014***	-0.097***	0.003	-0.234***	1	0.515***	0.578***
lnasset	0.173***	-0.109***	-0.046***	0.014***	0.196***	-0.126***	0.029***	0.199***	0.529***	1	0.535***
lev	-0.190***	-0.052***	0.009	0.028***	-0.064***	-0.162***	0.077***	-0.032***	0.555***	0.533***	1

註：對角線左下方數據為 Pearson 相關係數，對角線右上方為 Spearman 相關係數。***、**、* 分別表示在1%、5%和10%水準上顯著。

5.4.2 實證結果分析

為了檢驗假設 H1，筆者先估計董事會中女性董事比例和女性董事總人數對企業現金股利水準的影響，估計結果見表 5.4 第（1）列和第（2）列。結果顯示，女性董事比例和女性董事總人數的係數都顯著為正，並且顯著性水準都為 1%，意味著無論是用女性董事比例還是女性董事總人數衡量女性參與董事會的程度，女性董事都對企業的現金股利發放水準有顯著的正向影響。因此，從現金股利發放水準來看，女性董事確實能更有效地監管經理人的行為，降低經理人和股東之間的代理成本，維護好股東的利益。從其他變量來看，董事會規模變量 totalds 的係數顯著為正，意味著董事會規模越大，企業發放現金股利越多。固定資產比例 ppe 的係數顯著為負，意味著固定資產比例越低的企業，企業發放現金股利越多。這有可能是因為大部分新興行業，如高科技企業，固定資產比例越低，發放的現金股利越多。淨資產收益率的對數值 roe 的係數顯著為正，意味著企業的收益率越高，現金股利發放水準越高，說明企業

的盈利水準和企業的現金股利水準呈正向相關關係。托賓 Q 的代理變量 tbq 的係數顯著為正，意味著市場對企業的評價越好，企業發放的現金股利越高。市帳比 mb 的係數顯著為負，意味著成長空間越大的企業發放的現金股利水準越低，這是因為這樣的企業需要更多的現金流擴大投資，減少了當期現金股利的發放。總資產對數值 lnasset 的係數顯著為正，意味著企業規模越大，越有可能發放現金股利。資產負債比 lev 的係數顯著為負，意味著企業債務水準越高，發放的現金水準越低。機構持股比例 insti 的係數顯著為正，意味著機構持股越多，企業發放現金股利越多，這是因為相對於普通股東，機構投資者能更有效地監管經理人的自利行為，更好地維護股東的利益。高管持股比例 equ 的係數顯著為正，說明高管持股比例對企業發放現金股利水準有正向影響，這是因為高管持股能夠使經理人和股東的利益一致，減小經理人過度投資浪費現金流的動機，增加現金股利。作為穩健性檢驗，筆者分別將女性董事比例和女性董事總人數的滯後項 lfemdsrate、ltotalfemds 加入模型中，重新檢驗上期公司董事會中女性董事的參與情況對當期公司現金股利的發放水準的影響。結果見表 5.4 第（3）列和第（4）列。估計結果顯示，女性董事的滯後一期變量對公司當期現金股利仍有顯著正向的影響。可見，女性董事對公司現金股利有正向影響的結論是顯著的。

表 5.4　　　　　女性董事對現金股利發放水準的影響

變量名稱	(1) div	(2) div	(3) div	(4) div
femdsrate	0.030***			
	(0.007)			
totalfemds		0.003***		
		(0.001)		
lfemdsrate			0.028**	
			(0.013)	
ltotalfemds				0.003**
				(0.001)
totalds	0.002*	0.001	0.002*	0.002
	(0.001)	(0.001)	(0.001)	(0.001)
ppe	−0.028**	−0.028**	−0.018***	−0.018***

表5.4(續)

變量名稱	（1） div	（2） div	（3） div	（4） div
	(0.011)	(0.011)	(0.005)	(0.005)
roe	0.666***	0.666***	0.661***	0.661***
	(0.058)	(0.058)	(0.056)	(0.056)
tbq	0.002	0.003	0.002	0.002
	(0.002)	(0.002)	(0.002)	(0.002)
mb	−0.005***	−0.005***	−0.006**	−0.006**
	(0.002)	(0.002)	(0.002)	(0.002)
lnasset	0.034***	0.034***	0.034***	0.034***
	(0.005)	(0.005)	(0.004)	(0.004)
lev	−0.194***	−0.194***	−0.175***	−0.175***
	(0.021)	(0.021)	(0.017)	(0.017)
insti	0.001***	0.001***	0.001***	0.001***
	(0.000)	(0.000)	(0.000)	(0.000)
equ	0.056***	0.056***	0.037***	0.037***
	(0.015)	(0.015)	(0.006)	(0.006)
常數項	−0.623***	−0.621***	−0.638***	−0.638***
	(0.093)	(0.093)	(0.089)	(0.089)
年份	控制	控制	控制	控制
行業	控制	控制	控制	控制
樣本量	9,181	9,181	9,181	9,181
R-squared	0.273	0.273	0.279	0.280

　　為了檢驗假設 H2，筆者估計模型（5-4），加入女性董事比例 femdsrate 和過度投資的虛擬變量 over 的交互項 femdsrate∗over，估計結果見表5.5第（1）列。結果顯示，過度投資 over 的係數顯著為負，意味著存在過度投資的企業確實發放的現金股利更少，說明存在過度投資的企業的經理人確實侵犯了股東的利益，降低了企業現金股利發放水準。交互項 femdsrate∗over 的係數顯著為正，意味著女性董事顯著增加了存在過度投資行為企業的現金股利。表5.5第

（2）列是加入女性董事總人數和過度投資的交互項 totalfemds * over 的估計結果。結果顯示，交互項 totalfemds * over 的係數顯著為正，意味著女性董事總人數能顯著增加存在過度投資行為企業的現金股利。作為穩健性檢驗，同樣，筆者把 femdsrate 和 totalfemds 的滯後一期項及其與過度投資 over 的交互項 lfemdsrate * over、ltotalfemds * over 加入模型中重新估計，結果見表 5.5（3）、（4）列，和表 5.5 第（1）列、第（2）列結果基本一致，說明女性董事能夠增加存在過度投資行為企業的現金股利的結論是穩健的。

表 5.5　　　　女性董事對過度投資和現金股利關係的影響

變量名稱	（1）div	（2）div	（3）div	（4）div
femdsrate	0.014			
	(0.013)			
totalfemds		0.002*		
		(0.001)		
lfemdsrate			0.003	
			(0.010)	
ltotalfemds				0.001
				(0.001)
over	-0.007***	-0.006***	-0.008***	-0.006***
	(0.001)	(0.001)	(0.001)	(0.002)
femdsrate * over	0.034***			
	(0.012)			
totalfemds * over		0.003***		
		(0.001)		
lfemdsrate * over			0.055***	
			(0.009)	
ltotalfemds * over				0.004***
				(0.001)
totalds	0.002*	0.001	0.002*	0.002
	(0.001)	(0.001)	(0.001)	(0.001)

表5.5(續)

變量名稱	(1) div	(2) div	(3) div	(4) div
ppe	-0.028**	-0.028**	-0.018***	-0.018***
	(0.011)	(0.011)	(0.005)	(0.005)
roe	0.666***	0.666***	0.660***	0.660***
	(0.058)	(0.058)	(0.057)	(0.057)
tbq	0.003	0.003	0.002	0.002
	(0.002)	(0.002)	(0.002)	(0.002)
mb	-0.005***	-0.005***	-0.006**	-0.006**
	(0.002)	(0.002)	(0.002)	(0.002)
lnasset	0.034***	0.034***	0.034***	0.034***
	(0.005)	(0.005)	(0.004)	(0.004)
lev	-0.195***	-0.195***	-0.175***	-0.175***
	(0.021)	(0.021)	(0.017)	(0.017)
insti	0.001***	0.001***	0.001***	0.001***
	(0.000)	(0.000)	(0.000)	(0.000)
equ	0.055***	0.056***	0.037***	0.037***
	(0.015)	(0.015)	(0.006)	(0.006)
常數項	-0.620***	-0.618***	-0.633***	-0.634***
	(0.092)	(0.092)	(0.088)	(0.089)
年份	控制	控制	控制	控制
行業	控制	控制	控制	控制
樣本量	9,181	9,181	9,181	9,181
R-squared	0.273	0.273	0.279	0.280

為了檢驗假設H3，筆者估計模型(5-4)，其中模型中的變量為信息披露質量quality。鑒於數據可得性，樣本只包含深交所上市公司的數據。估計結果如表5.6所示。表5.6(1)、(2)列結果顯示，女性董事比例femdsrate、女性董事總人數totalfemds與quality的交互項的係數顯著為正，意味著女性董事緩解了信息不對稱對企業現金股利的負向影響。上市公司的信息披露質量越差，

女性董事對經理人的監督作用越能降低信息披露質量差導致的融資高成本，因此女性董事對這一類企業的現金股利的正向影響更大。同樣，表5.6（3）、（4）列分別是femdsrate的滯後項lfemdsrate和totalfemds的滯後項ltotalfemds的估計結果，和表5.6（1）、（2）列的結果基本一致，驗證了假設3。

表5.6　　　女性董事對信息披露質量和現金股利關係的影響

變量名稱	(1) div	(2) div	(3) div	(4) div
femdsrate	0.430***			
	(0.031)			
totalfemds		0.042***		
		(0.003)		
lfemdsrate			0.515***	
			(0.055)	
ltotalfemds				0.047***
				(0.007)
quality	−0.005*	−0.005*	−0.005	−0.004
	(0.003)	(0.003)	(0.004)	(0.005)
femdsrate * quality	0.154***			
	(0.011)			
totalfemds * quality		0.015***		
		(0.001)		
lfemdsrate * quality			0.180***	
			(0.024)	
ltotalfemds * quality				0.017***
				(0.003)
totalds	0.004***	0.003***	0.005***	0.005***
	(0.001)	(0.001)	(0.000)	(0.000)
ppe	−0.051*	−0.051*	−0.042***	−0.042***
	(0.027)	(0.027)	(0.012)	(0.013)

表5.6(續)

變量名稱	(1) div	(2) div	(3) div	(4) div
roe	0.691***	0.691***	0.713***	0.714***
	(0.074)	(0.073)	(0.064)	(0.064)
tbq	0.011***	0.011***	0.012***	0.012***
	(0.002)	(0.002)	(0.003)	(0.003)
mb	-0.017***	-0.016***	-0.014***	-0.014***
	(0.003)	(0.003)	(0.002)	(0.002)
lnasset	0.051***	0.051***	0.045***	0.045***
	(0.005)	(0.005)	(0.006)	(0.006)
lev	-0.213***	-0.213***	-0.168***	-0.168***
	(0.034)	(0.034)	(0.030)	(0.030)
insti	-0.001	-0.001	-0.001	-0.001
	(0.001)	(0.001)	(0.000)	(0.000)
equ	0.053***	0.053***	0.029**	0.030**
	(0.004)	(0.005)	(0.011)	(0.012)
常數項	0.000	-0.999***	-0.913***	-0.905***
	(0.000)	(0.097)	(0.100)	(0.095)
年份	控制	控制	控制	控制
行業	控制	控制	控制	控制
樣本量	3,777	3,777	3,777	3,777
R-squared	0.338	0.338	0.365	0.364

　　為了檢驗女性董事對管理層權力和現金股利水準的關係的影響，首先筆者用兩職兼任作為管理層權力的代理變量，在模型中加入兩職兼任的虛擬變量dual和femdsrate的交互項以及dual和totalfemds的交互項，估計結果如表5.7所示。結果顯示，加入兩職兼任和女性董事變量的交互項以後，女性董事比例或者女性董事總人數變量仍然顯著為正，說明女性董事提升了兩職分離的企業現金股利發放水準。模型中兩職兼任的虛擬變量dual不顯著，但是交互項femdsrate*dual和totalfemds*dual顯著為正，意味著相對於非兩職兼任的企業

來說，女性董事對兩職兼任的企業的現金股利水準的正向影響更大。同樣，為了做穩健性檢驗，筆者加入女性董事比例 femdsrate 的滯後項 lfemdsrate 與女性董事總人數 totalfemds 的滯後項 ltotalfemds 和兩職兼任的虛擬變量的交互項 lfemdsrate * dual、ltotalfemds * dual。結果見表 5.7（3）、（4）列。結果中雖然交互項 lfemdsrate * dual、ltotalfemds * dual 顯著性降低，但是 ltotalfemds * dual 仍然在 10% 的水準上顯著。

表 5.7　女性董事對兩職兼任和現金股利的關係的影響

變量名稱	(1) div	(2) div	(3) div	(4) div
femdsrate	0.021***			
	(0.006)			
totalfemds		0.002***		
		(0.001)		
lfemdsrate			0.025*	
			(0.014)	
ltotalfemds				0.003**
				(0.001)
dual	0.002	0.002	0.002	0.000
	(0.002)	(0.003)	(0.004)	(0.003)
femdsrate * dual	0.032***			
	(0.010)			
totalfemds * dual		0.003***		
		(0.000)		
lfemdsrate * dual			0.010	
			(0.012)	
ltotalfemds * dual				0.002*
				(0.001)
totalds	0.002*	0.001	0.002*	0.002*
	(0.001)	(0.001)	(0.001)	(0.001)
ppe	-0.028**	-0.028**	-0.018***	-0.018***

表5.7(續)

變量名稱	(1) div	(2) div	(3) div	(4) div
	(0.011)	(0.011)	(0.005)	(0.005)
roe	0.667***	0.667***	0.661***	0.661***
	(0.059)	(0.059)	(0.057)	(0.057)
tbq	0.002	0.002	0.002	0.002
	(0.002)	(0.002)	(0.002)	(0.002)
mb	-0.005***	-0.005***	-0.006**	-0.006**
	(0.002)	(0.002)	(0.002)	(0.002)
lnasset	0.034***	0.034***	0.034***	0.034***
	(0.005)	(0.005)	(0.004)	(0.004)
lev	-0.193***	-0.193***	-0.175***	-0.174***
	(0.021)	(0.021)	(0.017)	(0.017)
insti	0.001***	0.001***	0.001***	0.001***
	(0.000)	(0.000)	(0.000)	(0.000)
equ	0.053***	0.053***	0.036***	0.036***
	(0.014)	(0.014)	(0.005)	(0.005)
常數項	-0.626***	-0.624***	-0.639***	-0.639***
	(0.095)	(0.095)	(0.091)	(0.091)
年份	控制	控制	控制	控制
行業	控制	控制	控制	控制
樣本量	9,181	9,181	9,181	9,181
R-squared	0.342	0.342	0.363	0.363

為了檢驗假設 H4b，筆者加入管理層長任期的虛擬變量 lexpr，女性董事比例 femdsrate、女性董事總人數 totalfemds 與高管任期 lexpr 的交互項分別為 femdsrate * lexpr、totalfemds * lexpr。估計結果見表5.8第(1)、(2)列。結果顯示，表5.8第(1)列中的女性董事比例 femdsrate 的係數顯著為正，表5.8第(2)列中女性董事總人數 totalfemds 的係數顯著為正，意味著對於 CEO 任期短的企業，女性董事也可以提高現金股利發放水準。交互項 femdsrate * lexpr、totalfemds * lexpr 的係數雖然顯著性水準較低，但仍在10%的水準上顯著，意味著和 CEO 任期短的公司相比，女性董事對 CEO 任期長的企業的現金股利的正向影響更大。作為穩健性檢驗，筆者把女性董事比例 femdsrate 的滯後項 lfemdsrate 和女性董事總人數 totalfemds 的滯後項 ltotalfemds 及其與高管任期 lexpr 的交互項分別加入模型中，遺憾的是交互項並不顯著。表5.7和表5.8的結果說明，在一定程度上，女性董事緩解了管理層權力對現金股利的負向影響。

表5.8　　女性董事對管理層任期和現金股利的關係的影響

變量名稱	(1) div	(2) div	(3) div	(4) div
femdsrate	0.035**			
	(0.017)			
totalfemds		0.004**		
		(0.002)		
lfemdsrate			0.044**	
			(0.021)	
ltotalfemds				0.006**
				(0.002)
lexpr	-0.005	-0.006	-0.003	-0.003
	(0.004)	(0.005)	(0.004)	(0.005)
femdsrate * lexpr	0.058**			
	(0.024)			
totalfemds * lexpr		0.005*		
		(0.003)		
lfemdsrate * lexpr			-0.005	
			(0.048)	
ltotalfemds * lexpr				-0.002
				(0.006)
totalds	-0.000	-0.001	-0.000	-0.000
	(0.001)	(0.001)	(0.001)	(0.001)

表5.8(續)

變量名稱	(1) div	(2) div	(3) div	(4) div
ppe	−0.015	−0.015	−0.014**	−0.014**
	(0.016)	(0.016)	(0.007)	(0.007)
roe	0.370***	0.370***	0.342***	0.342***
	(0.055)	(0.055)	(0.055)	(0.055)
tbq	0.003***	0.003***	0.004***	0.004***
	(0.001)	(0.001)	(0.001)	(0.001)
mb	−0.004	−0.004	−0.004*	−0.004*
	(0.002)	(0.002)	(0.002)	(0.002)
lnasset	0.051***	0.051***	0.057***	0.057***
	(0.008)	(0.008)	(0.010)	(0.009)
lev	−0.211***	−0.211***	−0.200***	−0.200***
	(0.021)	(0.021)	(0.019)	(0.019)
insti	0.001***	0.001***	0.001***	0.001***
	(0.000)	(0.000)	(0.000)	(0.000)
equ	−0.004	−0.004	−0.024	−0.024
	(0.035)	(0.035)	(0.049)	(0.049)
常數項	−0.957***	−0.955***	−1.088***	−1.087***
	(0.167)	(0.166)	(0.200)	(0.198)
年份	控制	控制	控制	控制
行業	控制	控制	控制	控制
樣本量	9,181	9,181	9,181	9,181
R-squared	0.272	0.273	0.272	0.273

5.4.3 穩健性檢驗

前面模型的迴歸並沒有考慮樣本的選擇性偏誤。是否發放現金股利是企業自我選擇的決定，而非隨機出現的，因此部分現金股利水準為0的樣本的出現並不是隨機的。為了解決樣本選擇性偏誤，筆者用Heckman兩階段模型進行

穩健性檢驗。該模型第一階段估計企業是否發放現金股利的 Probit 模型，得到逆米爾斯比率，然後在第二階段估計中，控制該比率和其他控制變量的情況下，研究女性董事對企業現金股利水準的影響。表 5.9（1）、（3）列分別為女性董事比例和女性董事總人數對公司發放現金股利決策的影響，結果顯示，女性董事比例和女性董事總人數都在 1% 的水準上顯著。表 5.9（2）、（4）列是女性董事對公司現金股利水準影響的 Heckman 第二階段估計結果。結果顯示，在通過 Heckman 兩步法糾正選擇性偏誤後，女性董事仍然對現金股利水準有正向的影響。

表 5.9　　　　　　　　　　Heckman 兩步法迴歸結果

變量名稱	（1）divdu	（2）div	（3）divdu	（4）div
	Heckman（1）	Heckman（2）	Heckman（1）	Heckman（2）
femdsrate	0.465***	0.030**		
	(0.126)	(0.012)		
totalfemds			0.466***	0.003**
			(0.126)	(0.001)
totalds	-0.003	0.002***	-0.005	0.001**
	(0.007)	(0.001)	(0.008)	(0.001)
ppe	-0.162	-0.028***	-0.163	-0.028***
	(0.109)	(0.008)	(0.109)	(0.008)
roe	7.365***	0.666***	7.365***	0.666***
	(0.262)	(0.017)	(0.262)	(0.017)
tbq	-0.129***	0.002*	-0.129***	0.003*
	(0.018)	(0.001)	(0.018)	(0.001)
mb	-0.023	-0.005***	-0.023	-0.005**
	(0.026)	(0.002)	(0.026)	(0.002)
lnasset	0.270***	0.034***	0.270***	0.034***
	(0.023)	(0.002)	(0.023)	(0.002)
lev	-2.252***	-0.194***	-2.252***	-0.194***
	(0.121)	(0.009)	(0.121)	(0.009)

表5.9(續)

變量名稱	(1) divdu	(2) div	(3) divdu	(4) div
insti	0.014***	0.001***	0.014***	0.001***
	(0.003)	(0.000)	(0.003)	(0.000)
equ	0.096	0.056***	0.007	0.056***
	(0.157)	(0.009)	(0.015)	(0.009)
常數項	−4.341***	−0.623***	−4.326***	−0.621***
	(0.488)	(0.035)	(0.487)	(0.035)
逆米爾斯比率		0.136***		0.136***
		(0.017)		(0.017)
年份	控制	控制	控制	控制
行業	控制	控制	控制	控制
樣本量	9,181	9,181	9,181	9,181

5.5 本章小結

代理成本理論認為，發放現金股利是約束經理人濫用自由現金流牟取私利的重要途徑，是公司內部治理的重要機制。本章從現金股利角度研究了女性董事對公司內部治理機制的影響，利用2007—2013年中國A股上市公司的數據實證研究了女性董事對上市公司現金股利的影響。本章主要結論如下：第一，女性董事提高了公司現金股利發放水準。上市公司女性董事總人數越多或者比例越大，發放的現金股利水準越高。第二，對於存在過度投資行為的公司，女性董事對它們現金股利的發放水準的正向影響更大，這說明女性董事確實約束了經理人利用自由現金流過度投資的行為，並提高了公司的現金股利發放水準。第三，女性董事緩解了信息披露質量對現金股利發放水準的負向影響。上市公司信息披露質量越差，公司債務融資水準越低，公司越依賴內部留存收益維持投資發展，現金股利發放水準越低。而女性董事通過加強對經理人的監督，能夠緩解上市公司信息披露質量對公司現金股利的負向影響。第四，對於管理層權力大的企業，女性董事對它們現金股利的正向影響更大。由於女性董

事與經理人之間的關係更加獨立，並且女性對機會主義行為更不容忍，所以女性董事對管理層權力約束作用更大，可以通過約束經理人濫用自由現金流的行為提高現金股利發放水準。進一步，由於是否發放現金股利是企業自身的決定，並非隨機的，因此存在選擇性偏誤。為了解決此問題，筆者利用 Heckman 兩階段模型，在解決選擇性偏誤的問題後，女性董事對現金股利仍然存在顯著的正向影響。

本章研究的啟示主要有：第一，女性董事能通過減少經理人濫用自由現金流來提高企業現金股利發放水準。現金股利作為降低經理人和股東之間代理成本的重要工具，是公司內部治理的重要工具。因此，從提高現金股利水準角度來說，女性董事改善了公司內部治理。第二，對於公司治理差的企業，如存在過度投資、信息披露質量差、管理層權力大的企業，女性董事對公司內部治理的作用更大，限制經理人濫用自由現金流以維護股東利益的成果更明顯。因此，面對當前中國上市公司現金股利發放水準低下、股東和經理人之間代理成本高的現狀，通過改善董事會中性別結構緩解股東和經理人之間的利益衝突是非常有必要的。

6 女性董事對關聯交易的影響

6.1 引言

  大股東治理是公司內部治理的重要機制。大股東的存在為解決監督經理人和股東之間的「搭便車」問題提供了途徑。但是，在股權集中的公司，大股東也可能掠奪中小股東的利益，成為公司內部新的代理問題。本章從大股東治理角度研究女性董事對公司內部治理的影響。大股東和中小股東之間的利益衝突是公司治理中的重要代理成本。處於控制地位的大股東有動機通過對中小股東的利益掠奪來攫取自身利益。關聯交易就常被大股東用作掠奪中小股東利益的工具，因此關聯交易成為「隧道挖掘」「掏空」的代名詞。在法律體系薄弱的國家，由於大股東和經理人受法律的約束很有限，如果公司治理水準低下，上市公司的控股股東就可能利用關聯交易「掏空」公司（高雷和宋順林，2007）。由於關聯交易是通過關聯方和上市公司之間內部協商價格和條款，與市場交易相比，關聯方從關聯交易中攫取上市公司利益的行為更有隱蔽性。因此，在高管和股東的契約不完善的狀況下，關聯交易可能成為高管和大股東的部分報酬，是對高管、股東與公司之間契約不完全性的補償（Kohlbeck 和 Mayhew，2004）。因此，在弱公司治理環境中，高管和股東通常勾結，通過關聯交易牟取私利。改善公司治理能夠更好地監督經理人和股東的行為，有效防止股東通過關聯交易掠奪中小股東的利益。委託代理理論強調董事會的監管職能，良好的董事會治理能更好地監督經理人的行為（Fama 和 Jensen，1983）。Baysinger 和 Butler（1985）認為，董事會的結構對公司治理產生直接影響。董事會的監督和激勵效果依賴於董事會的構成。董事會的構成是指董事會成員組成以及其各組成部分的關係。其中，董事會性別多元化強調董事會中男女董事結構的平衡性。鑒於男性董事在大部分上市公司董事會中占比過大的現實，以

及業界中女性董事在公司治理中的突出表現，學術界有越來越多的文獻探討女性董事在公司治理中的作用。Shrader 等（1997）、Carter 等（2003）研究發現，董事會中女性董事能使董事會多元化，改善公司治理。Hillman 和 Shropshire（2007）認為，女性董事能夠通過挑戰僵化的觀念，拓展董事會討論議題的深度和廣度，改善董事會的治理效率。那麼，女性董事是否會對公司的關聯交易產生影響呢？目前，還沒有相關文獻研究董事會中的性別結構對公司關聯交易的影響。本章從女性董事對大股東和經理人監督更加嚴格的角度出發，研究女性董事對公司關聯交易的影響，結果顯示無論是關聯交易的可能性，還是關聯交易頻數，或是關聯交易的規模，女性董事都對關聯交易起到了約束作用。同時，研究還表明女性董事能夠減少關聯方通過關聯交易占用上市公司資金的可能性，減少關聯交易對上市公司價值的損害。

6.2 文獻綜述及假設

目前對關聯交易的研究主要集中於關聯交易產生的動因和影響因素。弱公司治理是關聯交易產生的重要動因。關聯交易可能起因於受操縱的契約，由於高管和股東的契約不完全，關聯交易可能成為高管、董事和股東的部分補償薪酬（Kohlbeck 和 Mayhew，2004）。Gordon（2004）研究也發現，公司治理越差，關聯交易發生的頻率和金額越高。在弱公司治理環境中，資本市場缺少對中小股東利益保護的法律，外部力量對大股東的約束效果有限，大股東可以極低的法律風險輸送利益，損害中小股東利益（劉峰和賀建剛，2004）。中國上市公司大股東處於控制地位，大股東和中小股東之間的利益衝突嚴重。由於大股東對經理人的行為有很強的控制力，經理人往往以大股東的利益最大化作為出發點，協助大股東攫取上市公司利益。由於關聯交易的價格和條款由交易雙方協商決定，而不是市場公平交易決定，交易價格和條款缺少透明性，因此，大股東通過關聯交易攫取上市公司的利益具有隱蔽性。餘明桂和夏新平（2004）、劉建民和劉星（2007）的研究都發現，關聯交易成為中國資本市場上大股東侵占中小股東利益的重要途徑，並且關聯交易降低了企業的業績。改善公司治理能夠約束大股東通過關聯交易攫取上市公司利益的行為。葉銀華等（2003）研究發現，在控股股東沒有兼任監事的上市公司，由於監事可以發揮獨立的監督作用，控股股東攫取公司利益的難度大，因此關聯交易更少。股權制衡能夠約束控股股東對企業的控制，從而減少控股股東通過關聯交易攫取上市公司利益的行為。陳曉和王琨（2005）、唐清

泉等（2005）研究都發現，第二大股東或者其他股東的制衡能夠約束第一大股東通過關聯交易轉移上市公司利益的行為。

董事會治理是公司治理研究中的重要內容。董事會在監督管理者方面起到重要作用（Fama 和 Jensen，1983），加強董事會對經理人的監督能有效約束經理人和大股東之間合謀侵占上市公司利益的行為。很多已有文獻從董事會的獨立性角度研究董事會對關聯交易的影響。大部分文獻發現，增加董事會的獨立性能夠加強董事會對經理人行為的監督，減小經理人與大股東之間合謀的可能性，從而約束上市公司的關聯交易行為。Kohlbeck 和 Mayhew（2004）研究發現，董事會的獨立性增加，公司關聯交易的概率減小。唐清泉等（2005）研究中國公司治理對上市公司的關聯交易的影響，結果發現獨立董事能夠抑制大股東的關聯交易。封思賢（2005）用中國上市公司的關聯交易數據進行實證研究，結果發現獨立董事制度能夠有效約束上市公司為控股股東和它的關聯方提供擔保與抵押的行為。葉康濤等（2007）利用中國上市公司的數據研究發現，在控制內生性後，獨立董事還是能夠有效抑制大股東的「掏空」行為。武立東等（2007）用中國民營上市公司 2002—2004 年的面板數據實證研究發現，隨著控制權和現金流權偏離程度的增加，終極控制人侵占上市公司利益的激勵增加，而董事會中外部董事比例的增加能有效抑制終極控制人的侵占效應。Hillman 和 Shropshire（2007）研究發現，女性董事相對於男性董事來說，與經理人的關係更為獨立，這是由於隱性的性別歧視導致的，不同於男性董事的職業晉升渠道，女性董事往往需要更高的學歷和更高的能力證明，才能進入董事會，而這反而增加了女性董事的獨立性。女性加入董事會可以增加董事會的獨立性，進而加大董事會的監督力度，使董事會能代表更多股東的利益，加強對經理人的監督，防止經理人和大股東合謀利用關聯交易攫取企業利益。董事會的性別多元化能夠改善董事會治理。Kandel 和 Lazear（1992）發現，團隊成員的異質性會增加成員之間的競爭壓力，進而起到更好的監督作用。在董事會中男性占主導地位的實業界中，女性成員加入能夠增加董事會成員之間的異質性，從而增加董事會成員之間的競爭壓力。Adams 和 Ferreira（2009）發現，女性董事會有更高的董事會出勤率，並且女性董事比例提升後，男性董事會增加董事會的出勤率。Gul 等（2011）發現，女性加入董事會增加了董事會的異質性，提高了董事會的監督質量。多元化的董事會還能代表更多人的利益，在做決策時能夠更加公平公正。著名心理學家勞倫斯·柯爾伯格認為，和男性相比，女性更不願意做出不道德的行為，對自私自利的行為厭惡程度更高。耶路撒冷大學教授里查德·埃伯施特恩率領的科研小組研究發現，由於女性體內比

男性體內含有更多的無私基因，女性比男性更偏好公平公正。因此女性加入董事會，可以更好地監督經理人和董事會中其他成員的不合法或者不道德的行為。關聯交易中，大股東犧牲中小股東的利益而獲得自身利益，女性董事對這種不道德行為容忍度更低，因此女性董事更有可能反對不合理的關聯交易。Huang 和 Kisgen（2013）、Francis 等（2009）的研究都發現，在公司治理中，女性管理者更加厭惡風險，在財務決策中更加謹慎。出於規避風險的目的，女性管理者比男性管理者更加注重信息披露，注重公司的信息透明度。Gul 等（2011）發現，女性加入董事使公司信息披露更加詳細。Krishnan 和 Parsons（2008）以 1996—2000 年美國《財富》500 強公司為樣本，以盈餘穩健性、盈餘持續性、盈餘平滑性和虧損規避度作為盈餘質量的衡量標準，發現女性高管顯著提高了公司的盈餘質量。和市場的公平交易不同，關聯交易的相關信息透明度低。不公平的關聯交易需要交易雙方隱藏很多信息，從而增加了上市公司內部和投資者之間的信息不對稱性。關聯方往往需要利用關聯交易輸送上市公司的利益，因此關聯交易對盈餘質量有一定影響。黃世忠（2001）發現通過關聯交易輸送利益會直接降低會計信息質量。Ming 和 Wong（2003）研究發現，受集團控制的上市公司報告的關聯交易大部分是與控股股東和集團的其他關聯方之間的交易，並且報告中出現異常高的關聯交易銷售水準，以此來做大公司盈餘。Bertrand 等（2002）認為，利益輸送降低了經濟體的透明度，歪曲的報告造成投資者和內部人信息不對稱。Hutton 等（2009）用盈餘管理來衡量公司的信息透明度，發現信息透明度越高，個股崩盤風險越小。Johnson 等（2000）認為，正是因為控股股東利用關聯交易進行利益輸送，才主要導致了 20 世紀 90 年代末的亞洲金融危機。為了避免關聯交易中隱藏的負面信息在未來集中爆發，進而影響上市公司股價風險，女性董事會加強對經理人和大股東的監督，約束經理人和大股東通過關聯交易輸送上市公司利益的行為。通過文獻的分析，筆者提出假設 1：女性董事減少了企業的關聯交易。

由於關聯交易中存在高買低賣的現象，上市公司與大股東之間的關聯交易增加了大股東對上市公司超額資金的占用（鄭國堅等，2007）。通過關聯借款、對外擔保、代償代墊等方式，大股東可以侵占上市公司的非經營性資金；而通過關聯交易中的應收帳款、預付帳款等項目，大股東可以侵占上市公司的經營性資金。Johnson 等（2000）認為，在對投資者保護比較弱的新興市場國家中，大股東通過關聯交易占用上市公司資金的現象更加嚴重。而良好的董事會治理能夠減少大股東對公司資金的占用。例如，唐清泉等（2005）、高雷和宋順林（2007）、葉康濤等（2007）發現獨立董事比例增加或者獨立董事人數

增加，上市公司的大股東資金占用減少。文獻綜述部分指出，和男性董事相比，女性董事與經理人的關係更加獨立，從而能夠改善董事會治理，加強對關聯交易中損害中小投資者利益的不公平行為的監督。因此，筆者預計女性董事能夠減少關聯交易中關聯方對上市公司資金的占用，由此提出假設2：女性董事減少了關聯交易中關聯方對上市公司的資金占用。

關聯交易會影響上市公司的業績。張祥建和郭嵐（2006）發現，投資者在關聯交易後調整了股票價格，公司股票收益下降。關聯方通過關聯交易對上市公司進行「掏空」（葉康濤等，2007），因此關聯交易將損害上市公司的投資者利益。葉康濤（2006）探討了關聯交易對代理成本的影響，發現關聯交易降低了高管報酬與業績的相關性，高管努力提高企業績效的動機更小。朱國民等（2005）的研究發現，上市公司與控股股東及其關聯方發生的關聯交易次數越多，上市公司的價值下降越多。Ming 和 Wong（2003）發現，當報告的交易數據被投資者察覺是關聯交易而非正常交易的時候，公司的股票收益下降，可見公司的關聯交易與公司的業績呈現負相關關係。由於女性董事能約束上市公司與關聯方的關聯交易，並且女性董事能夠緩解關聯方在關聯交易中對上市公司的「掏空」，因此筆者預計，女性董事能夠緩解上市公司關聯交易對公司業績的損害，並提出假設3：女性董事減少了關聯交易中關聯方對上市公司的業績的負向影響。

6.3 數據及變量定義

6.3.1 樣本選擇

本章選擇中國滬深股市 2007—2013 年所有 A 股上市公司作為研究樣本。由於金融行業的樣本特殊性，遵循以往文獻研究，筆者剔除了金融行業的樣本，同時剔除數據缺失的樣本，對變量進行上下 1% 截尾處理。筆者根據 CSMAR 數據庫中董事個人資料整理得到女性董事總人數和比例的數據，關聯交易主要來自 CSMAR 數據庫中關聯交易子數據庫。其他公司治理的數據和公司財務數據也都來自 CSMAR 數據庫。

6.3.2 變量定義

1. 自變量

筆者用女性董事比例（femdsrate）、女性董事總人數（totalfemds）和公司

中是否存在女性董事的虛擬變量（femdsdu）衡量女性參與董事會的程度。

2. 因變量

筆者擬分別研究女性董事對上市公司關聯交易可能性、關聯交易頻數、關聯交易規模、上市公司關聯交易中被關聯方占用資金淨額占總資產比例、上市公司關聯交易後的業績的影響，因此因變量包括上市公司關聯交易可能性（prorpt）、關聯交易頻數（frerpt）、關聯交易規模（trpt）、上市公司關聯交易中被關聯方占用資金淨額占總資產比例（netprorpt）、上市公司淨資產收益率的對數值（roe）。

3. 控制變量

在研究女性董事對上市公司關聯交易影響的模型中，筆者控制了以下因素：公司董事總人數（totalds）、董事會中獨立董事比例（indpr）、第一大股東持股比例（shrcr1）、固定資產比例（ppe）、淨資產收益率的對數值（roe）、托賓 Q（tbq）、總資產對數值（lnasset）、資產負債比（lev）、mb（市帳比）、高管持股比例（equ）、機構持股比例（insti）。在研究中，加入股票的 BETA 值（beta）、公司股票市值的自然對數（mv）、公司盈餘與公司年末股票市值比值（ep）。變量定義如表 6.1 所示。

表 6.1　　　　　　　　　　變量定義

變量名稱	變量含義	備註
prorpt	關聯交易可能性，即當公司當年發生關聯交易，則 prorpt = 1；否則，prorpt = 0	
frerpt	公司當年關聯交易頻數	
trpt	關聯交易規模，即上市公司關聯交易金額占總資產的比例＊100%	為了避免結果中小數點後列示過多位數，將被解釋變量化成百分比
netprorpt	關聯交易中被占用資金淨額占總資產比例，即（關聯交易中計入應收帳款、預付帳款和其他應收款之和-關聯交易中計入應付帳款、預收帳款和其他應付款之和）/總資產＊100%	同上
totalfemds	女性董事總人數	
femdsrate	女性董事比例	女性董事總人數/董事會總人數

表6.1(續)

變量名稱	變量含義	備註
femdsdu	公司是否有女性董事，存在女性董事，則 femdsdu = 1，否則，femdsdu = 0	
totalds	公司董事總人數	
indpr	獨董比例	獨董人數/董事會總人數
shrcr1	第一大股東持股比例	
ppe	固定資產比例	
roe	淨資產收益率的對數值	
tbq	托賓 Q	
lnasset	總資產對數值	ln（總資產量）
lev	資產負債比	總負債/總資產
mb	市帳比	市場價值/帳面價值
equ	高管持股比例	
insti	機構持股比例	
beta	股票 BETA 值	
mv	公司股票市值的自然對數	
ep	公司盈餘/公司年末股票市值	

6.3.3 模型設定

為檢驗女性董事對關聯交易的影響，筆者估計以下模型：

$$\text{independent}_{it} = \beta_0 + \beta_1 * \text{femdsrate}_{it} + \beta_2 * \text{totalds}_{it} + \beta_3 * \text{indpr}_{it} + \beta_4 * \text{shrcr1}_{it} + \beta_5 * \text{ppe}_{it} + \beta_6 * \text{roe}_{it} + \beta_7 * \text{tbq}_{it} + \beta_8 * \text{mb}_{it} + \beta_9 * \text{lnasset}_{it} + \beta_{10} * \text{lev}_{it} + \beta_{11} * \text{insti}_{it} + \beta_{12} * \text{equ}_{it} + \text{year} + \text{industry} + \varepsilon_{it} \quad (6\text{-}1)$$

式中，independent 分別為上市公司關聯交易可能性（prorpt）、關聯交易頻數（frerpt）、關聯交易規模（trpt）、上市公司關聯交易中被關聯方占用資金淨額占總資產比例（netprorpt）。為了檢驗女性董事對上市公司關聯交易和上市公司價值的關係的影響，筆者估計以下模型：

$$\text{roe}_{it} = \beta_0 + \beta_1 * \text{femdsrate}_{it-1} + \beta_2 * \text{trpt}_{it-1} + \beta_3 * \text{femdsrate}_{it-1} * \text{trpt}_{it-1} + \beta_4 * \text{lev}_{it-1} + \beta_4 * \text{totalds}_{it-1} + \beta_4 * \text{indpr}_{it-1} + \beta_4 * \text{shrcr1}_{it-1} + \beta_4 * \text{ppe}_{it-1} +$$

$$\beta_4 * \text{beta}_{it-1-1} + \beta_5 * \text{mb}_{it-1} + \beta_6 * \text{mv}_{it-1} + \beta_7 * \text{ep}_{it-1} + \text{year} + \text{industry} + \varepsilon_{it} \tag{6-2}$$

模型（6-2）中對所有自變量都滯後一期，即研究當期女性董事對公司下一期業績的影響。對於每個結果，筆者都用女性董事總人數（totalfemds）和公司是否存在女性董事的虛擬變量（femdsdu）做穩健性檢驗。

6.4 估計結果分析

6.4.1 樣本描述統計

表 6.2 所示為變量的描述統計。從結果來看，77.4%的公司當年發生了關聯交易；所有公司關聯交易頻數平均為 11.99 次，平均每項關聯交易占公司總資產比例達到 3%，最高比例達到 30.7%，說明關聯交易金額巨大；上市公司在關聯交易中被關聯方占用資金淨額占總資產比例最高達到 14.6%。對女性董事的描述統計分析可見，女性董事占比平均數為 12.3%，說明女性董事在董事會中占比比較低；平均每個公司存在 1.298 個女性董事；72.6%的公司董事會中存在女性董事。

表 6.2　　　　　變量的描述統計

變量	樣本量	均值	標準差	最小值	中位數	最大值
prorpt	9,122	0.774	0.418	0.000	1.000	1.000
frerpt	9,122	11.990	17.430	0.000	5.000	96.000
trpt	9,122	0.030	0.055	0.000	0.007	0.307
exprorpt	9,122	0.006	0.020	0.000	0.000	0.131
netprorpt	9,122	0.000	0.032	−0.136	0.000	0.146
femdsrate	9,122	0.123	0.108	0.000	0.100	0.444
totalfemds	9,122	1.298	1.141	0.000	1.000	5.000
femdsdu	9,122	0.726	0.446	0.000	1.000	1.000
totalds	9,122	10.730	2.348	6.000	10.000	18.000
indpr	9,122	0.316	0.056	0.188	0.300	0.500
shrcr1	9,122	36.730	15.080	9.000	35.500	74.450

表6.2(續)

變量	樣本量	均值	標準差	最小值	中位數	最大值
ppe	9,122	0.204	0.168	0.000	0.164	0.719
roe	9,122	0.087	0.085	−0.172	0.077	0.380
tbq	9,122	1.825	1.463	0.181	1.434	7.965
mb	9,122	1.019	0.966	0.126	0.697	5.529
lnasset	9,122	21.920	1.226	19.870	21.720	25.800
lev	9,122	0.443	0.204	0.046	0.453	0.842
insti	9,122	5.514	8.121	0.000	1.623	36.530
equ	9,122	0.072	0.161	0.000	0.000	0.659
beta	7,999	1.129	0.223	0.539	1.126	1.705
mb	7,999	0.986	0.830	0.124	0.721	4.517
mv	7,999	15.280	1.030	13.390	15.120	18.390
ep	7,999	0.055	0.048	−0.064	0.044	0.238

表6.3所示為主要變量的Pearson和Spearman相關係數。從結果來看，關聯交易的可能性和關聯交易發生的頻數與企業女性董事的比例和女性董事的總人數都呈顯著的負相關。這初步證明女性董事確實能夠約束企業的關聯交易行為。

表6.3　　　主要變量的Pearson和Spearman相關係數

變量	prorpt	frerpt	femdsrate	totalfemds	totalds	indpr	shrcr1	lnasset	lev
prorpt	1	0.566***	−0.090***	−0.064***	0.110***	−0.033***	0.076***	0.212***	0.214***
frerpt	0.231***	1	−0.187***	−0.137***	0.216***	−0.050***	0.221***	0.465***	0.361***
femdsate	−0.094***	−0.130***	1	0.959***	−0.112***	0.004	−0.060***	−0.158***	−0.104***
totalfemds	−0.065***	−0.084***	0.947***	1	0.123***	−0.118***	−0.064***	−0.091***	−0.071***
totalds	0.105***	0.198***	−0.102***	0.142***	1	−0.516***	0.016	0.271***	0.146***
indpr	−0.041***	−0.027***	−0.000	−0.132***	−0.491***	1	0.008	0.004	0.012
shrcr1	0.076***	0.196***	−0.062***	−0.068***	0.033***	0.015	1	0.221***	0.051***
lnasset	0.186***	0.404***	−0.165***	−0.103***	0.292***	0.036***	0.263***	1	0.543***
lev	0.219***	0.251***	−0.110***	−0.069***	0.157***	0.009	0.051***	0.527***	1

6.4.2　估計結果及分析

表6.4所示為女性董事對關聯交易可能性的影響的估計結果。表6.4

(1)、(2)、(3)列分別是女性董事比例、女性董事總人數、公司是否存在女性董事對上市公司發生關聯交易可能性的影響的 probit 模型估計結果，被解釋變量為上市公司當年是否發生關聯交易的虛擬變量 prorpt。表 6.4 第（1）列顯示，女性董事比例（femdsrate）的係數顯著為負，意味著公司中女性董事在董事會中比例越大，公司當年發生關聯交易的可能性越低。表 6.4（2）、（3）列的結果基本和表 6.4（1）列的結果一致，即女性董事總人數越多，公司當年關聯交易的可能性越低；或者和不存在女性董事的上市公司相比，存在女性董事的上市公司的關聯交易可能性更低。表 6.4 中三列結果都顯示，從關聯交易的可能性來看，女性董事確實能對上市公司的關聯交易產生約束作用。

表 6.4　女性董事對關聯交易可能性的影響的估計結果

變量名稱	（1）prorpt	（2）prorpt	（3）prorpt
femdsrate	−0.419***		
	(0.141)		
totalfemds		−0.040***	
		(0.014)	
fdu			−0.091**
			(0.036)
totalds	0.019**	0.024***	0.022***
	(0.009)	(0.009)	(0.009)
indpr	−0.721**	−0.731**	−0.718**
	(0.322)	(0.322)	(0.322)
shrcr1	0.004***	0.004***	0.004***
	(0.001)	(0.001)	(0.001)
ppe	−0.087	−0.086	−0.085
	(0.109)	(0.109)	(0.109)
roe	−0.535***	−0.536***	−0.532***
	(0.192)	(0.192)	(0.192)
tbq	−0.033**	−0.034**	−0.033**
	(0.016)	(0.016)	(0.016)

表6.4(續)

變量名稱	（1） prorpt	（2） prorpt	（3） prorpt
mb	−0.043	−0.043	−0.043
	（0.027）	（0.027）	（0.027）
lnasset	0.065***	0.065***	0.066***
	（0.021）	（0.022）	（0.021）
lev	0.699***	0.700***	0.705***
	（0.112）	（0.112）	（0.112）
insti	0.004*	0.004*	0.004
	（0.002）	（0.002）	（0.002）
equ	−1.618***	−1.619***	−1.624***
	（0.099）	（0.099）	（0.099）
常數項	−1.131**	−1.171**	−1.175**
	（0.460）	（0.458）	（0.459）
年份	控制	控制	控制
行業	控制	控制	控制
樣本量	9,122	9,122	9,122
對數似然函數	−4,676.606,3	−4,676.617	−4,676.595,3

　　表6.5所示為女性董事對關聯交易頻數的影響的估計結果。從結果可見，femdsrate、totalfemds、fdu 的係數都顯著為負，意味著在控制其他變量後，公司的女性董事比例越大，公司關聯交易的頻數越低；公司女性董事人數越多，公司關聯交易頻數越低；和不存在女性董事的上市公司相比，存在女性董事的上市公司的關聯交易頻數更低。可見，表6.5表明，從關聯交易的頻數來看，女性董事對上市公司的關聯交易也能夠產生有效的約束作用。

表6.5　　**女性董事對關聯交易頻數的影響的估計結果**

變量名稱	（1） frerpt	（2） frerpt	（3） frerpt
femdsrate	−7.476***		
	（1.978）		

表6.5(續)

變量名稱	(1) frerpt	(2) frerpt	(3) frerpt
totalfemds		−0.704***	
		(0.199)	
fdu			−0.943**
			(0.404)
totalds	0.801***	0.884***	0.841***
	(0.123)	(0.149)	(0.138)
indpr	5.335	5.132	5.453
	(3.454)	(3.398)	(3.528)
shrcr1	0.139***	0.138***	0.138***
	(0.006)	(0.006)	(0.007)
ppe	−6.546***	−6.538***	−6.485***
	(0.968)	(0.971)	(0.981)
roe	−6.230**	−6.218**	−6.228**
	(2.703)	(2.702)	(2.734)
tbq	0.448***	0.440***	0.459***
	(0.129)	(0.130)	(0.129)
mb	0.253	0.248	0.250
	(0.287)	(0.286)	(0.285)
lnasset	5.409***	5.404***	5.456***
	(0.416)	(0.411)	(0.424)
lev	7.792***	7.801***	7.890***
	(0.881)	(0.877)	(0.874)
insti	0.008	0.008	0.005
	(0.036)	(0.036)	(0.036)
equ	−13.650***	−13.701***	−13.892***
	(0.958)	(0.957)	(0.955)
常數項	−124.695***	−125.374***	−126.661***
	(10.251)	(10.323)	(10.620)
年份	控制	控制	控制

表6.5(續)

變量名稱	(1) frerpt	(2) frerpt	(3) frerpt
行業	控制	控制	控制
樣本量	9,122	9,122	9,122
R-squared	0.217	0.217	0.216

  表6.6所示為女性董事對關聯交易規模的影響的估計結果，被解釋變量為上市公司當年發生關聯金額占總資產的比例trpt。結果顯示，女性董事比例（femdsrate）的係數顯著為負，意味著公司中女性董事在董事會中比例越大，公司當年發生關聯交易的規模越小；女性董事人數（totalfemds）的係數也顯著為負，意味著董事會中女性董事人數越多，上市公司關聯交易的規模越小；是否存在女性董事的虛擬變量（fdu）的係數也顯著為負，意味著和不存在女性董事的上市公司相比，存在女性董事上市公司的關聯交易規模更小。表6.6的結果說明，從關聯交易的規模來看，女性董事對上市公司的關聯交易也能起到約束作用。

表6.6 女性董事對關聯交易規模的影響的估計結果

變量名稱	(1) trpt	(2) trpt	(3) trpt
femdsrate	-2.276***		
	(0.356)		
totalfemds		-0.237***	
		(0.028)	
fdu			-0.549***
			(0.063)
totalds	0.128***	0.155***	0.145***
	(0.024)	(0.025)	(0.024)
indpr	-1.826***	-1.901***	-1.815***
	(0.297)	(0.296)	(0.307)
shrcr1	0.042***	0.042***	0.042***
	(0.004)	(0.004)	(0.004)

6 女性董事對關聯交易的影響

表6.6(續)

變量名稱	（1） trpt	（2） trpt	（3） trpt
ppe	-1.268***	-1.270***	-1.272***
	(0.450)	(0.449)	(0.458)
roe	-2.912***	-2.907***	-2.901***
	(0.553)	(0.553)	(0.577)
tbq	0.177***	0.174***	0.177***
	(0.047)	(0.047)	(0.048)
mb	-0.197***	-0.198***	-0.197***
	(0.038)	(0.038)	(0.038)
lnasset	0.102*	0.097*	0.102*
	(0.053)	(0.053)	(0.055)
lev	5.234***	5.235***	5.268***
	(0.267)	(0.267)	(0.277)
insti	-0.020***	-0.020***	-0.021***
	(0.008)	(0.008)	(0.008)
equ	-3.571***	-3.575***	-3.602***
	(0.222)	(0.227)	(0.231)
常數項	-5.070***	-5.176***	-5.175***
	(1.181)	(1.208)	(1.211)
年份	控制	控制	控制
行業	控制	控制	控制
樣本量	9,122	9,122	9,122
R-squared	0.118	0.118	0.118

　　表6.4、表6.5、表6.6的結果都驗證了假設1，說明女性董事對關聯交易存在負相關關係。關聯交易對上市公司股東的利益損害主要表現之一就是關聯方通過關聯交易占用上市公司的資源。關聯方可能通過關聯銷售中的預收帳款和應付帳款占用上市公司的資金。為了研究女性董事對關聯交易中關聯方占用上市公司資金的行為的約束作用，筆者估計女性董事對上市公司在關聯交易中

被占用的資金的影響結果如表6.7所示。表6.7（1）列女性董事比例（femdsrate）的係數在1%的水準上顯著為負，意味著女性董事比例越高，上市公司被占用的資金的水準越低；表6.7（2）列女性董事總人數（totalfemds）也在1%的水準上顯著為負，意味著女性董事總人數越多，上市公司被占用的資金的水準越低；表6.7（3）列的結果顯示，是否存在女性董事的虛擬變量（fdu）的係數在1%的水準上顯著為負，意味著和不存在女性董事的上市公司相比，存在女性董事的上市公司被占用資金的水準更低。

表6.7　　　女性董事對關聯交易中被占用資金的影響

變量名稱	（1）netprorpt	（2）netprorpt	（3）netprorpt
femdsrate	－0.448***		
	（0.092）		
totalfemds		－0.043***	
		（0.008）	
fdu			－0.095***
			（0.029）
totalds	0.051***	0.056***	0.054***
	（0.005）	（0.005）	（0.005）
indpr	0.445**	0.432**	0.449**
	（0.191）	（0.191）	（0.193）
shrcr1	－0.001	－0.001	－0.001
	（0.002）	（0.002）	（0.002）
ppe	－0.519***	－0.519***	－0.519***
	（0.049）	（0.050）	（0.049）
roe	－0.472**	－0.472**	－0.471**
	（0.221）	（0.221）	（0.225）
tbq	0.007	0.006	0.007
	（0.022）	（0.022）	（0.022）
mb	－0.126***	－0.126***	－0.126***
	（0.040）	（0.040）	（0.040）

表6.7(續)

變量名稱	(1) netprorpt	(2) netprorpt	(3) netprorpt
lnasset	-0.055**	-0.055**	-0.054**
	(0.024)	(0.024)	(0.024)
lev	0.825***	0.826***	0.832***
	(0.154)	(0.154)	(0.155)
insti	-0.004	-0.004	-0.005
	(0.004)	(0.004)	(0.004)
equ	-1.079***	-1.081***	-1.087***
	(0.076)	(0.078)	(0.077)
常數項	0.718	0.683	0.674
	(0.457)	(0.468)	(0.437)
年份	控制	控制	控制
行業	控制	控制	控制
樣本量	9,122	9,122	9,122

　　為了研究女性董事對關聯交易和公司業績關係的影響，筆者估計模型(6-2)。表6.8第(1)列結果顯示，在控制其他因素後，關聯交易的虛擬變量(prorpt)的係數顯著為負，意味著關聯交易對上市公司的業績產生負向影響。表6.8(2)、(3)、(4)列結果顯示，女性董事比例(femdsrate)的係數在5%的水準上顯著為正，女性董事總人數(totalfemds)的係數在10%的水準上顯著為正，是否存在女性董事(fdu)的係數在1%的水準上顯著，意味著總體來看，女性董事對公司的業績產生正向影響。女性董事比例與公司當年是否發生關聯交易的虛擬變量(prorpt)的交互項(prorpt * femdsrate)在10%的水準上顯著，意味著女性董事能顯著降低關聯交易對上市公司的業績的負向影響；公司是否存在女性董事(fdu)與公司當年是否發生關聯交易的虛擬變量(prorpt)的交互項(prorpt * fdu)在1%的水準上顯著，意味著和不存在女性董事的公司相比，存在女性董事的上市公司的關聯交易對上市公司業績的負向影響更小。女性董事總人數(totalfemds)和關聯交易的虛擬變量(prorpt)的交互項(prorpt * totalfemds)不顯著，說明女性董事總人數對上市公司關聯交易和業績之間的關係不產生顯著的影響。

表 6.8　　女性董事對關聯交易和公司業績關係的影響

變量名稱	（1）roe	（2）roe	（3）roe	（4）roe
femdsrate		0.010**		
		−0.005		
totalfemds			0.001*	
			−0.000	
fdu				0.006***
				−0.001
prorpt	0.004***	−0.001	−0.002	0.001
	−0.001	−0.002	−0.002	−0.002
prorpt * femdsrate		0.023,3*		
		−0.014		
prorpt * totalfemds			−0.002	
			−0.001	
prorpt * fdu				0.007***
				−0.002
lev	0.022*	0.022*	0.022*	0.022*
	−0.012	−0.012	−0.012	−0.012
totalds	−0.001	−0.001	−0.001	−0.001
	−0.001	−0.001	−0.001	−0.001
indpr	−0.016	−0.017	−0.017	−0.017
	−0.023	−0.024	−0.024	−0.024
shrcr1	0.000*	0.000	0.000*	0.000*
	0.000	0.000	0.000	0.000
ppe	−0.044***	−0.044***	−0.043***	−0.043***
	−0.004	−0.004	−0.004	−0.005
beta	−0.072***	−0.072***	−0.072***	−0.072***
	−0.003	−0.003	−0.003	−0.003

表6.8(續)

變量名稱	(1) roe	(2) roe	(3) roe	(4) roe
mb	-0.039***	-0.039***	-0.039***	-0.039***
	-0.004	-0.004	-0.004	-0.004
mv	0.017***	0.017,4***	0.017***	0.017***
	-0.002	-0.002	-0.002	-0.001
ep	0.001***	0.001***	0.001***	0.001***
	-0.000	-0.000	-0.000	-0.000
常數項	-0.110***	-0.112***	-0.111***	-0.117***
	-0.031	-0.032	-0.031	-0.031
年份	控制	控制	控制	控制
行業	控制	控制	控制	控制
樣本量	7,999	7,999	7,999	7,999
R-squared	0.184	0.033	0.033	0.033

6.4.3 穩健檢驗

第一大股東與上市公司之間的關聯交易占了上市公司關聯交易的大部分，並且第一大股東由於能控制上市公司，在關聯交易中更有可能通過「隧道效應」攫取上市公司的利益。因此，有必要專門研究女性董事對第一大股東與上市公司之間的關聯交易的影響。筆者用上市公司與第一大股東關聯交易的數據，重新估計上面的模型。結果顯示，在關聯交易的可能性、關聯交易的頻數和關聯交易的規模方面，女性董事都對上市公司與第一大股東的關聯交易起到了約束作用，並且減少了第一大股東在關聯交易中對上市公司資金的占用。女性董事也緩解了上市公司與第一大股東關聯交易規模對公司業績的負向影響，說明女性董事對上市公司關聯交易的影響及其對公司的業績的影響在上市公司與第一大股東關聯交易的數據中仍然穩健（由於篇幅限制，結果未予報告）。女性董事對關聯交易的約束作用是因為女性董事比男性董事在監督經理人方面更有力度，從而能夠防止經理人和大股東之間合謀侵占中小股東的利益。為此，有必要檢驗女性董事是否比男性董事在監督經理人方面更有力度。根據樣本中公司名稱、年份、董事名稱，將樣本中的董事數據分別與CSMAR數據庫

中「高管動態」子數據庫中的「委員會成員情況文件」、「兼任信息文件」、「獨立董事出席會議情況文件」中關於董事會成員的信息匹配，可以進一步分析女性董事在董事會中的信息。公司審計（核）委員會是公司具有監管職能的委員會。表6.9所示為女性董事在董事會審計的委員會任職、兼職、缺席情況。表6.9第（1）列為女性董事是否在公司審計（核）委員會任職的估計結果，因變量表示該董事是否為審計（核）委員會成員。結果顯示，表6.9（1）列中女性董事的虛擬變量（femds$_{it}$）的係數顯著為正，意味著女性董事更有可能在審計（核）委員會任職。表6.9（1）列的結果與 Adams 和 Ferreira（2009）的研究結果一致，即女性董事更有可能在審計（核）委員會任職。表6.9（2）列為女性董事在本公司外的公司兼任董事的估計結果，因變量為該董事是否在本公司外的公司兼任董事的虛擬變量。表6.9（2）列顯示，女性董事在其他公司兼任董事的可能性更小。這意味著女性董事更加專注本公司的監管工作。受數據可得性限制，表6.9（3）列只針對獨立董事的數據估計女性董事缺席董事會會議的情況，因變量為該獨立董事每年缺席董事會會議的頻數。結果顯示，女性獨立董事缺席公司董事會會議的頻數更少，意味著女性董事確實對監管工作更專注、謹慎。

表6.9　　女性董事在董事會審計委員會任職、兼職、缺席情況

變量名稱	（1）audit	（2）dualds	（3）absent
femds	0.185***	−0.462***	−0.024*
	−0.016	−0.019	−0.014
asset	0.007	0.107***	0.008
	−0.009	−0.017	−0.008
lev	0.017	−0.170**	0.130***
	−0.04	−0.069	−0.036
s1	0.000	−0.000	0.001**
	−0.001	−0.001	0
totalds	−0.015***	−0.000	0.032***
	−0.004	−0.006	−0.003
indpr	0.324**	−0.069	−0.07
	−0.141	−0.204	−0.124

表6.9(續)

變量名稱	(1) audit	(2) dualds	(3) absent
age	−0.003***	0.000,4	−0.000
	−0.001	−0.001	−0.001
dual	−0.026	0.016	−0.019
	−0.018	−0.027	−0.016
ppe	0.071	−0.122*	−0.126***
	−0.043	−0.072	−0.039
roe	−0.034	0.148**	−0.134***
	−0.059	−0.074	−0.05
mb	0.008	−0.03	−0.042
	−0.03	−0.041	−0.026
常數項	−1.460***	−3.213***	−0.317*
	−0.185	−0.44	−0.171
Wald chi2	914.87	631.09	706.26
樣本量	118,676	50,083	31,552

　　前面模型的迴歸並沒有考慮樣本的選擇性偏誤。由於上市公司與關聯方當年是否產生交易是上市公司自身的決策，所以部分關聯交易次數為0的樣本的出現並不是隨機的，即出現了樣本的選擇性偏誤。為了解決這個問題，我們用Heckman兩階段模型進行穩健性檢驗。該模型第一階段估計企業是否產生關聯交易的Probit模型，得到逆米爾斯比率，然後在第二階段估計中，控制該比率和其他控制變量的情況下，研究女性董事對上市公司與關聯方當年產生關聯交易頻數的影響。表6.10(1)、(3)列分別為女性董事比例和女性董事總人數對上市公司關聯交易決策的影響，結果顯示，女性董事比例和女性董事總人數都在1%的水準下顯著。表6.10(2)、(4)列是女性董事對上市公司關聯交易頻數影響的Heckman第二階段估計結果。結果顯示，在通過Heckman兩步法糾正選擇性偏誤後，女性董事比例和女性董事總人數的係數仍然顯著為負，並且逆米爾斯比率的迴歸係數在1%的水準下顯著為正，這意味著在糾正選擇性偏誤後，女性董事仍然約束了上市公司與關聯方當年的關聯交易頻數。

表 6.10　　　　　　　　　　　Heckman 兩步法估計結果

變量名稱	（1）prorpt Heckman（1）	（2）frerpt Heckman（2）	（3）prorpt Heckman（1）	（4）frerpt Heckman（2）
femdsrate	-17.193***	-0.634***		
	(5.324)	(0.152)		
totalfemds			-1.488***	-0.065***
			(0.489)	(0.015)
totalds	1.190***	0.029***	1.351***	0.038***
	(0.278)	(0.010)	(0.277)	(0.010)
indpr	-3.539	-0.615***	-3.480	-0.625*
	(11.034)	(0.366)	(10.686)	(0.366)
shrcr1	0.240***	0.008***	0.236***	0.007***
	(0.041)	(0.001)	(0.039)	(0.001)
ppe	-10.231***	-0.117	-10.096***	-0.117
	(3.522)	(0.125)	(3.406)	(0.125)
roe	-14.635**	-0.855***	-14.321*	-0.858***
	(6.245)	(0.225)	(6.040)	(0.225)
tbq	0.008	-0.003	0.010	-0.003
	(0.557)	(0.225)	(0.540)	(0.017)
mb	-0.760	-0.027	-0.743	-0.028
	(0.832)	(0.036)	(0.805)	(0.036)
lnasset	8.136***	0.273***	8.042***	0.272***
	(0.866)	(0.028)	(0.836)	(0.028)
lev	22.091***	0.823***	21.652***	0.824***
	(4.696)	(0.123)	(4.538)	(0.123)
insti	0.060	0.001	0.058	0.001
	(0.076)	(0.003)	(0.073)	(0.003)
equ	-61.449***	-1.724***	-60.163***	-1.724***

表6.10(續)

變量名稱	(1) prorpt Heckman（1）	(2) frerpt Heckman（2）	(3) prorpt Heckman（1）	(4) frerpt Heckman（2）
	(9.363)	(0.102)	(9.048)	(0.102)
常數項	−210.063***	−5.863***	−208.980***	−5.920***
	(22.320)	(0.595)	(21.654)	(0.593)
逆米爾斯比率		46.720***		45.204***
		(8.669)		(8.360)
年份	控制	控制	控制	控制
行業	控制	控制	控制	控制
樣本量	9,122	9,122	9,122	9,122

6.5 結論

　　大股東治理是公司內部治理的重要機制。在股權集中的公司中，大股東和經理人勾結通過關聯交易攫取上市公司利益，成為一種主要的代理成本。本章從關聯交易角度，研究女性董事對大股東與小股東代理成本的影響，結果發現：第一，女性董事減少了經理人和大股東合謀、通過關聯交易掠奪中小股東利益的行為。女性董事比例越大或者人數越多，上市公司當年發生關聯交易的可能性越小，當年發生關聯交易的規模越小。第二，女性董事減少了經理人和大股東合謀、通過關聯交易占用上市公司資金的行為。女性董事比例越大或者人數越多，上市公司關聯方通過關聯交易占用上市公司現金流的規模越小。進一步，由於上市公司是否發生關聯交易是上市公司自身的決定，而非隨機的，因此上市公司當年未發生關聯交易的樣本的出現並不是隨機的，出現了選擇性偏誤。為了解決選擇性偏誤問題，本章使用 Heckman 模型，在解決自選擇偏誤後，結果依然顯示女性董事減少了上市公司當年發生關聯交易的次數。然後，通過分析發現女性董事更容易在審計（核）委員會中任職，女性董事在本公司以外的上市公司兼職董事的可能性更小，獨立董事中女性董事缺席董事會會議的可能性更小。這些檢驗進一步證實女性董事更能勝任審計監督崗位的工作，女性董事更專注本職工作，並且工作更加勤奮。這些結果都說明和男性

董事相比，女性董事對經理人和大股東的監督更嚴格，從而減少他們合謀侵害上市公司利益的行為。

　　本章的主要啟示如下：女性董事能夠通過約束上市公司的關聯交易來約束大股東和經理人合謀、掠奪上市公司利益的行為。中國資本市場上股權集中化程度高，大股東和中小股東之間利益衝突嚴重，大股東通過關聯交易掠奪上市公司利益的行為非常嚴重。通過實現上市公司董事會性別異質化能夠改善董事會治理，更好地監督經理人和大股東的行為，緩解上市公司大股東和中小股東之間的利益衝突。

7 本書總結

7.1 研究結論及建議

　　基於委託代理理論，本書針對女性管理者在公司治理方面的特殊作用，分別從公司內部控制系統和公司外部控制系統兩個角度出發，研究女性董事對公司兩類代理問題的影響。具體來看，先理論綜述女性的性格特徵在管理上的作用，再通過研究女性董事對高管薪酬和公司現金股利的影響，發現女性董事緩解了第一類代理問題；通過研究女性董事對公司關聯交易的影響，發現女性董事緩解了第二類代理問題。本書把女性管理者的性別特徵引入公司治理的研究中，擴大了現有文獻就董事會多元化對公司治理的影響的研究，並且為支持女性擔任高管的相關提議提供了依據，具有一定的學術價值和實踐借鑑意義。

　　具體來看，本書的主要研究結論如下：第一，通過將女性董事在公司治理方面優於男性的「禀賦」引入高管薪酬研究領域，研究發現女性董事能夠改善公司內部控制系統中的激勵機制。用中國上市公司2007—2013年的數據實證分析的結果顯示：①女性董事人數越多或者比例越大的公司高管超額薪酬越低，即女性董事有效約束了高管的超額薪酬；②女性董事人數越多或者比例越大的公司高管與員工之間薪酬差距越小，即女性董事有效約束了企業內部高管和普通員工之間的薪酬差距，減少了企業內部的不公平性；③女性董事人數越多或者比例越大的公司高管薪酬業績敏感性越高，即女性董事有效增加了高管薪酬與業績的相關性，使高管薪酬契約更加符合股東的利益；④女性董事對高管薪酬的治理作用在非國有企業中更加顯著，這說明女性董事確實在更加開放、市場化的環境中更能發揮公司治理的作用。第二，通過將女性董事在公司治理方面優於男性的「禀賦」引入現金股利研究領域，研究發現女性董事能夠改善公司內部控制系統中對自由現金流的約束機制。用中國上市公司

2007—2013 年的數據研究女性董事對公司現金股利的影響，結果顯示：①女性董事提高了公司的現金股利發放水準；②鑒於弱公司治理的狀況下，女性董事對公司治理的作用更大的論點，在模型中引入公司是否存在過度投資的虛擬變量，結果發現，和不存在過度投資行為的公司相比，女性董事對存在過度投資行為公司的現金股利的正向影響更顯著；③考慮公司信息不對稱會增加融資約束，信息不對稱的公司對內部資金依賴度更高，從而降低現金股利發放水準，而女性董事能提高公司的信息披露質量，減小公司外部融資約束，在模型中引入公司信息披露質量和女性董事的交互項，結果發現，女性董事能夠緩解公司的信息不對稱對現金股利的發放水準的影響；④基於管理層權力會削弱董事會的監督質量，而女性董事由於工作更加嚴謹，與經理人的關係更加獨立，在模型中引入管理層權力的代理變量（兩職兼任、CEO 任期）與女性董事的交互項，結果發現女性董事減少了管理層權力對現金股利的負向影響；⑤由於和國有企業相比，非國有企業的管理更加民主開放，受女權思想的影響更大，所以在分樣本檢驗中發現，所有結論中女性董事對非國有企業的現金股利的正向治理效應比對國有企業的現金股利的治理效應更加顯著。第三，通過將女性董事在公司治理方面優於男性的「禀賦」引入關聯交易研究領域，研究發現女性董事能夠降低公司大股東和中小股東之間的代理成本。用中國上市公司2007—2013 年的關聯交易的數據研究女性董事對公司與關聯方的關聯交易的影響，結果發現，女性董事約束了經理人和大股東合謀侵害中小股東利益而攫取上市公司利益的行為。研究發現：①無論是從發生關聯交易可能性角度還是從關聯交易頻數、關聯交易規模角度，結果都表明女性董事對上市公司的關聯交易產生約束作用；②女性董事減少了關聯方通過關聯交易占用上市公司資金的行為；③從關聯交易對公司淨資產收益率的影響角度，發現女性董事減少了關聯方通過關聯交易對上市公司進行「掏空」的行為。同時，筆者用上市公司僅與第一大股東之間的關聯交易的數據對前面的研究做了穩健性檢驗，結果基本一致，進一步驗證了董事會性別多元化能有效改善公司治理的結論。

　　針對以上研究結論，筆者提出以下建議：目前中國上市公司女性董事比例較低，平均來看，上市公司女性董事占比僅 14%，因此，中國上市公司董事會實現性別異質化的任務還很重。與此相對應的是，中國上市公司的代理問題嚴重，如高管薪酬過高、現金股利發放少、關聯交易量大、信息不透明等，導致公司市場風險較大。如何通過高管團隊優化來改善公司治理是當務之急。而事實證明，女性董事確實能夠改善公司治理，挪威在 2003 年頒布的《性別平等法案》中要求到 2008 年為止，國有公司女性董事占比要達到 40%，在法案實

施6年後，挪威被英國經濟學家情報社評為經濟最安全的國家。而致同會計師事務所發布的2016年的《國際商業問卷調查報告》顯示，支持女性董事比例要求的中國內地上市公司比例高達85%。因此，中國資本市場可以借鑑挪威等北歐國家，通過制定一定的法律法規，要求女性董事在董事會中達到一定的比例來加強高管的異質化，從而改善公司治理。從統計分析來看，女性董事在國有企業和非國有企業中的分布差異懸殊，女性董事在國有企業中的比例以及增長速度都遠遠小於非國有企業，並且實證分析也表明女性董事在國有企業中對公司治理的作用遠遠低於非國有企業。因此，當前應該進一步提高女性在國有企業中的話語權，實現國有企業領導團隊的多元化，從而打破國有企業在計劃經濟中沿襲下來的命令和服從的管理模式，提高國有企業的市場化程度和開放程度，吸收更多先進的管理經驗，改善國有企業公司治理現狀。

7.2　創新之處

第一，本書選題新穎。從董事會治理研究來看，國外研究女性董事對公司治理的影響的文獻比較多，但是國內對女性董事的研究還比較少。本書首次較全面地研究了中國董事會的性別多元化對公司治理的影響。雖然國內很多文獻從董事會的背景特徵來研究董事會對公司治理的影響，包括董事會的獨立性、董事會的人口背景特徵、董事會的專業背景特徵、董事會的政治背景特徵等，但是單獨研究董事會性別結構對公司治理的影響的文獻還很少。本書就專門研究董事會的性別多元化對改善公司治理的作用，豐富了董事會性別異質化對公司治理的影響的相關研究。從對女性高管的研究文獻來看，女性高管通常有四種定義：女性CEO、女性CFO、女性董事、所有女性高管。大部分文獻集中研究女性CEO或者女性CFO對公司治理的影響。通常研究女性高管的文章將女性董事排除在外。董事代表股東的利益，是公司的決策者和監督者，他們的決策更多從股東的利益出發；而經理人是執行者，執行者的行為以自身利益最大化為目的，經理人對公司治理的影響更大程度上受公司薪酬制度和監管力度的影響。兩者對公司治理的影響機制是不同的。因此，本書研究董事會的性別對公司治理的影響，豐富了董事會特徵對公司治理影響的研究成果。此外，中國女性CEO的比例僅僅達到4%（李小榮和劉行，2012），而中國上市公司存在女性董事的比例達到70%以上，女性在董事會中的平均比例達到14%。2016年的G20杭州峰會上發布的二十國集團領導人峰會公報上明確指出，各國政

府應採取有關政策，確保婦女和青年企業家、女性領導的企業在全球價值鏈中受益。女性董事是女性在企業中的重要職位。本書研究了在董事職位上，女性在某些方面優於男性的表現，豐富了對女性高管的相關研究，為增加領導職位上的女性比例的觀點提供了支持。第二，女性高管厭惡風險的特徵是很多研究高管多元化文章的切入點，但是，女性董事對公司治理的影響作用可能是多方面的。例如，女性董事的獨立性特徵可能起到改善公司治理的作用，女性董事更加公平公正也可能約束高管的超額薪酬等，但女性董事的這些特徵在以往文獻中並沒有引起重視。雖然限於數據的可得性，筆者並不能實證分析女性董事的獨立性或者女性董事的公平公正對公司治理的影響，但是在規範研究中，筆者盡量分析女性董事的多種性格特徵可能對改善公司治理的作用。第三，本書首次分析董事會性別結構在不同所有制形式的上市公司中的分佈情況。由於中國經濟體制的特殊性，國有上市公司的民主性和開放度更低，受計劃經濟中的命令與服從關係的影響更加深刻，因此，對兩性的平等觀念的接受度更低，女性的話語權更弱。所以，在描述性統計中，筆者分析了女性董事在國有和非國有企業中的分佈差異；在分析女性董事對高管薪酬的影響的實證章節，本書首次比較了女性董事在國有和非國有上市公司中對公司治理的不同效果。本書為通過優化國有企業的董事會性別結構從而改善國有企業治理，減少國有企業的代理問題的政策提供了依據。

7.3 不足之處

本書從女性的性格特徵出發，以現代公司的兩類代理問題為延伸途徑，研究了女性董事在公司治理中的作用。研究的視角新穎，方法多樣。但是由於筆者的學術能力和時間的限制，本書還有很多問題需要進一步完善和拓展，主要體現在以下幾個方面：第一，模型存在內生性問題。董事會的性別結構並不是外生的，公司治理現狀也會影響董事會的構成。因此，董事會中女性董事的比例和高管薪酬、現金股利水準、關聯交易之間可能存在內生性問題。雖然有的章節選用了行業女性董事的比例和公司具有經濟背景的董事的人數作為工具變量，但是是否能找到其他更好的工具變量需要進一步探索。第二，對女性董事的背景特徵變量的控制不夠。由於中國上市公司的董事會成員信息披露不完善，並且各個公司採用的口徑不一致，很多關於女性董事的背景特徵變量信息缺失，取得的數據也存在一定的準確性問題。此外，Hambrick 和 Mason

（1984）認為，雖然人口統計學特徵能反應高管的部分背景信息以及決策偏好，但是和純粹的心理指標相比，人口統計學特徵的「雜訊」更大。例如，雖然董事的性別差異能說明一定的風險厭惡程度差異，但是和專門針對個體的風險偏好的問卷調查相比，前者的「噪聲」更大。未來可以通過問卷調查來分析女性董事對董事會的風險態度的影響。第三，高階理論認為，高管團隊運作包括團隊的組成、團隊的結構和團隊的運作。高管團隊的組成與結構包括團隊成員的人口統計學特徵和職權結構，高管團隊的運作指團隊成員之間的溝通、協調、領導、激勵、衝突解決等。本書主要通過董事會成員人口統計學特徵之一——性別特徵研究董事會的結構對公司治理的影響，但是對女性董事在管理層團隊運作過程中與團隊成員之間的溝通、協調以及衝突解決方面的問題沒有進行細緻研究。

參考文獻

[1] ADAMS R B, FERREIRA D. Women in the boardroom and their impact on governance and performance [J]. Journal of Financial Economics, 2009, 94 (2): 291-309.

[2] ADLER R D. Women in the executive suite correlate to high profits [D]. Glass Ceiling Research Center, Pepperdine University, 2001.

[3] ADOLF B, GARDINER M. The modern corporation and private property [J]. Cambridge/Mass, 1932.

[4] AGHION P, BOLTON P. An incomplete contracts approach to financial contracting [J]. The Review of Economic Studies, 1992, 59 (3): 473-494.

[5] AHARONY J, WANG J, YUAN H. Tunneling as an incentive for earnings management during the IPO process in China [J]. Journal of Accounting and Public Policy, 2010, 29 (1): 1-26.

[6] ALDERFER C P. The invisible director on corporate boards [J]. Harvard Business Review, 1983, 8 (3): 426-435.

[7] ALMAZAN A, SUAREZ J. Entrenchment and severance pay in optimal governance structures [J]. The Journal of Finance, 2003, 58 (2): 519-548.

[8] ANDERSON R, BIZJAK J. An empirical examination of the role of the CEO and the compensation committee in structuring executive pay [J]. Journal of Banking & Finance, 2003, (27): 1323-1348.

[9] BAKER H K, VEIT E T, POWELL G E. Factors influencing dividend policy decisions of nasdaq firms [J]. Financial Review, 2001, 36 (3): 19-38.

[10] BARKE R P, JENKINS-SMITH H, SLOVIC P. Risk perceptions of men and women scientists [J]. Social Science Quarterly, 1997: 167-176.

[11] BLANCHARD O J, WATSON M W. Bubbles, rational expectations and financial markets [J]. 1982.

[12] BERTRAND M, MEHTA P, MULLAINATHAN S. Ferreting out tunneling: an application to indian business groups [R]. National Bureau of Economic Research, 2000.

[13] BERTRAND M, MULLAINATHAN S. Agents with and without principals [J]. The American Economic Review, 2000 (90): 203-208.

[14] BAYSINGER B D, BUTLER H N. Corporate Governance and the Board: Performance Effects of Changes in Board Composition [J]. Journal of Law, Economics, & Organization, 1985, 1 (1): 101-124.

[15] BEBCHUK L A, FRIED J M, WALKER D I. Managerial power and rent extraction in the design of executive compensation [R]. National Bureau of Economic Research, 2002.

[16] BEBCHUK L, GRINSTEIN Y. The growth of executive pay [J]. Oxford Review of Economic Policy, 2005, 21 (2): 283-303.

[17] BENGTSSON C, PERSSON M, WILLENHAG P. Gender and overconfidence [J]. Economics Letters, 2005, 86 (2): 199-203.

[18] BERKOVITCH E, ISRAEL R. The design of internal control and capital structure [J]. Review of Financial Studies, 1996, 9 (1): 209-240.

[19] BERLE A, MEANS G. The modern corporate and private property [J]. McMillian, New York, NY, 1932.

[20] BIDDLE G C, KIM J B, MA M L Z, et al. Accounting conservatism and bankruptcy risk [J]. Available at SSRN 1621272, 2015.

[21] BILIMORIA D, PIDERIT S K. Board committee membership: effects of sex-based bias [J]. Academy of Management Journal, 1994, 37 (6): 1453-1477.

[22] BLECK A., LIU X. Market transparency and the accounting regime [J]. Journal of Accounting Research, 2007, 45 (2): 229-256.

[23] BOLTON P, THADDEN V. Blocks, liquidity, and corporate control [J]. The Journal of Finance, 1998, 53 (1): 1-25.

[24] BYOUN S, CHANG K, KIM Y S. Does corporate board diversity affect corporate payout policy? [J]. Available at SSRN 1786510, 2013,

[25] CALLEN, J L, FANG X. Institutional investors and crash risk: monitoring or expropriation? [D]. University of Toronto and Georgia State University, 2011.

[26] CALLEN J L, KHAN M, LU H. Accounting quality, stock price delay, and future stock returns [J]. Contemporary Accounting Research, 2013, 30 (1): 269-295.

[27] CAMPBELL J Y, HENTSCHEL L. No news is good news: an asymmetric model of changing volatility in stock returns [J]. Journal of Financial Economics, 1992, 31 (3): 281-318.

[28] CAMPBELL K, VERA A M. Female board appointments and firm valuation: short and long-term effects [J]. Journal of Management & Governance, 2010, 14 (1): 37-59.

[29] CAPLIN A, LEAHY J. Business as usual, market crashes, and wisdom after the fact [J]. The American Economic Review, 1994: 548-565.

[30] CARPENTER M A, GELETKANYCZ M A, SANDERS W G. Upper echelons research revisited: antecedents, elements, and consequences of top management team composition [J]. Journal of Management, 2004, 30 (6): 749-778.

[31] CARTER N M, WAGNER H M. The Bottom Line: Corporate Performance and Women's Representation on Boards (2004—2008) [J]. Catalyst, 2011, 3: 619-625.

[32] CHARNESS G, GNEEZY U. Strong evidence for gender differences in risk taking [J]. Journal of Economic Behavior & Organization, 2012, 83 (1): 50-58.

[33] CHEN, GOLDSTEIN, JIANG W. Price informativeness and investment sensitivity to stock price [J]. Review of Financial Studies, 2007, 20 (3): 619-650.

[34] CHEN J, HONG H, STEIN J. Forecasting crashes: trading volume, past returns, and conditional skewness in stock prices [J]. Journal of Financial Economics, 2001, 61 (61): 345-381.

[35] CHHAOCHHARIA V, GRINSTEIN Y. CEO compensation and board structure [J]. The Journal of Finance, 2009, 64 (1): 231-261.

[36] CHO T S, HAMBRICK D C, CHEN M J. Effects of top management team characteristics on competitive behaviors of firms [C] //Academy of Management Proceedings. Academy of Management, 1994, 1994 (1): 12-16.

[37] CHRISTIE A A. The stochastic behavior of common stock variances: val-

ue, leverage and interest rate effects [J]. Journal of Financial Economics, 1982, 10 (4): 407-432.

[38] CORE J, HOLTHAUSEN R, LARKER D. Corporate governance, chief executive compensation and firm performance [J]. Journal of Financial Economics, 1999 (51): 371-406.

[39] DEANGELO H, DEANGELO L, STULZ R M. Dividend policy and the earned/contributed capital mix: a test of the life-cycle theory [J]. Journal of Financial Economics, 2006, 81 (2): 227-254.

[40] DEMSETZ H, LEHN K. The structure of corporate ownership: causes and consequences [J]. Journal of Political Economy, 1985, 93 (6): 1155-1177.

[41] DENIS D K, MCCONNELL J J. International corporate governance [J]. Journal of Financial and Quantitative Analysis, 2003, 38 (1): 1-36.

[42] DIMSON E. Risk measurement when shares are subject to infrequent trading [J]. Journal of Financial Economics, 1979, 7 (7): 197-226.

[43] DUFWENBERG M, MUREN A. Generosity, anonymity, gender [J]. Journal of Economic Behavior & Organization, 2006, 61 (1): 42-49.

[44] ELTON E J, GRUBER M J. Marginal stockholder tax rates and the clientele effect [J]. The Review of Economics and Statistics, 1970: 68-74.

[45] ERHARDT N L, WERBEL J D, SHRADER C B. Board of director diversity and firm financial performance [J]. Corporate Governance: an International Review, 2003, 11 (2): 102-111.

[46] FACCIO M, MARCHICA M T, MURA R. CEO gender, corporate risk-taking, and the efficiency of capital allocation [J]. Journal of Corporate Finance, 2016.

[47] FAMA E F. Agency problems and the theory of the firm [J]. The Journal of Political Economy, 1980: 288-307.

[48] FAMA E F, FRENCH K R. Testing trade-off and pecking order predictions about dividends and debt [J]. Review of Financial Studies, 2002, 15 (1): 1-33.

[49] FAMA E F, JENSEN M C. Separation of ownership and control [J]. The Journal of Law & Economics, 1983, 26 (2): 301-325.

[50] FARINHA J. Dividend policy, corporate governance and the managerial entrenchment hypothesis: an empirical analysis [J]. Journal of Business Finance &

Accounting, 2003, 30 (9-10): 1173-1209.

[51] FARRELL K A, HERSCH P L. Additions to corporate boards: the effect of gender [J]. Journal of Corporate Finance, 2005, 11 (1): 85-106.

[52] FICH E M, SHIVDASANI A. Are busy boards effective monitors? [J]. The Journal of Finance, 2006, 61 (2): 689-724.

[53] FRENCH K, SCHWERT G W, STAMBAUGH R F. Expected stock returns and volatility [J]. Journal of Financial Economics, 19: 3-29.

[54] FINKELSTEIN S, HAMBRICK D C. Strategic leadership: top executives and their effects on organizations [M]. South-Western Pub, 1996.

[55] FISHER H E. The first sex: the natural talents of women and how they are changing the world [M]. Random House Incorporated, 1999.

[56] FONDAS N, SASSALOS S. A different voice in the boardroom: how the presence of women directors affects board influence over management [J]. Global Focus, 2000, 12 (2): 13-22.

[57] FRAEDRICH J P, BATEMAN C R. Transfer pricing by multinational marketers: risky business [J]. Business Horizons, 1996, 39 (1): 17-22.

[58] FRANCIS B, HASAN I, PARK J C, et al. Gender differences in financial reporting decision-making: evidence from accounting conservatism [J]. 2009 FMA Annual Meeting Program, October, pp. 21-24.

[59] FREDRICKSON J W, HAMBRICK D C, BAUMRIN S. A model of CEO dismissal [J]. Academy of Management Review, 1988, 13 (2): 255-270.

[60] GILSON R J, KRAAKMAN R H. The mechanisms of market efficiency [J]. Virginia Law Review, 1984: 549-644.

[61] GRAHAM J F, STENDARDI JR E J. MYERS J K, et al. Gender differences in investment strategies: an information processing perspective [J]. International Journal of Bank Marketing, 2002, 20 (1): 17-26.

[62] GUGLER K, MUELLER D C, YURTOGLU B B. Insider ownership, ownership concentration and investment performance: an international comparison [J]. Journal of Corporate Finance, 2008, 14 (5): 688-705.

[63] GUL F A, BIN S, C A. Does board gender diversity improve the informativeness of stock prices? [J]. Journal of Accounting and Economics, 2011, 51: 314-338.

[64] HACKENBRACK K, NELSON M W. Auditors' incentives and their ap-

plication of financial accounting standards [J]. Accounting Review, 1996: 43-59.

[65] HAMEL G, HEENE A. Competence-based competition [M]. Wiley, 1994.

[66] HAMBRICK D C, MASON P A. Upper echelons: the organization as a reflection of its top managers [J]. Academy of Management Review, 1984, 9 (2): 193-206.

[67] HARRIGAN K R. Numbers and positions of women elected to corporate boards [J]. Academy of Management Journal, 1981, 24 (3): 619-625.

[68] HAYEK F A. Individualism and economic order [M]. Chicago: University of Chicago Press, 1948.

[69] HEALY P M, PALEPU K G. Earnings information conveyed by dividend initiations and omissions [J]. Journal of Financial Economics, 1988, 21 (2): 149-175.

[70] HERMALIN B E, WEISBACH M S. Endogenously chosen boards of directors and their monitoring of the CEO [J]. American Economic Rfeview, 1998, 96-118.

[71] HERSCH J. Decisions: differences by gender and race [J]. Managerial and Decision Economics, 1996, 17: 471-481.

[72] HILLMAN A J, SHROPSHIRE C, CANNELLA A A. Organizational predictors of women on corporate boards [J]. Academy of Management Journal, 2007, 50 (4): 941-952.

[73] HOLMSTRöM B. Design of incentive schemes and the new soviet incentive model [J]. European Economic Review, 1982, 17 (2): 127-148.

[74] HOLMSTRöM B. Managerial incentive problems: a dynamic perspective [J]. The Review of Economic Studies, 1999, 66 (1): 169-182.

[75] HONG H, STEIN J C. Differences of opinion, short-sales constraints, and market crashes [J]. Review of Financial Studies, 2003, 16 (2): 487-525.

[76] HUANG J., KISGEN D. J. Gender and corporate finance: are male executives overconfident relative to female executives? [J]. Journal of Financial Economics, 2013, 108 (3): 822-839.

[77] HUSE M. Women directors and the「black box」of board behavior [J]. Women on Corporate Boards Of Directors. Northampton, MA: Edward Elgar, 2008.

[78] HUTTON A P, MARCUS A J, TEHRANIAN H. Opaque financial re-

ports, r, and crash risk [J]. Journal of financial economics, 2009, 94 (1): 67-86.

[79] JENSEN M C. Agency costs of free cash flow, corporate finance, and takeovers [J]. The American Economic Review, 1986, 323-329.

[80] JENSEN M C, MECKLING W H. Theory of the firm: managerial behavior, agency costs and ownership structure [J]. Journal of Financial Economics, 1976, 3 (4): 305-360.

[81] JENSEN M C, MURPHY K J. Performance pay and top-management incentives [J]. Journal of Political Economy, 1990: 225-264.

[82] JOHNSON, SIMON, RAFAEL LA PORTA, et al. Tunneling [J]. The American Economic Review, 2000, 90 (2): 22-27.

[83] JIN L, MYERS S C. R2 around the world: new theory and new test [J]. Journal of Financial Economics, 2006, 79 (2): 257-292.

[84] JONES J J. Earnings management during import relief investigations [J]. Journal of Accounting Research, 1991, 29 (2): 193-228.

[85] JURKUS A F, PARK J C, WOODARD L S. Women in top management and agency costs [J]. Journal of Business Research, 2011, 64 (2): 180-186.

[86] KALAY A. Stockholder-bondholder conflict and dividend constraints [J]. Journal of Financial Economics, 1982, 10 (2): 211-233.

[87] KANDEL E, LAZEAR E P. Peer pressure and partnerships [J]. Journal of Political Economy, 1992, 801-817.

[88] KANTER R M. Some effects of proportions on group life: skewed sex ratios and responses to token women [J]. American Journal of Sociology, 1977: 965-990.

[89] KAPLAN S N, REISHUS D. Outside directorships and corporate performance [J]. Journal of Financial Economics, 1990, 27 (2): 389-410.

[90] KIM J B, LI Y, ZHANG L. CFOs versus CEOs: equity incentives and crashes [J]. Journal of Financial Economics, 2011, 101 (3): 713-730.

[91] KIM J B, LI Y, ZHANG L. Corporate tax avoidance and stock price crash risk: firm-level analysis [J]. Journal of Financial Economics, 2011, 100 (3): 639-662.

[92] KIM Y, LI H, LI S. Corporate social responsibility and stock price crash risk [J]. Journal of Banking & Finance, 2014, 43: 1-13.

[93] KOHLBECK M J, MAYHEW B W. Agency costs, contracting, and related party transactions [J]. Contracting, and Related Party Transactions (December 31, 2004), 2004.

[94] KOHLBECK M J, MAYHEW B W. Related party transactions [C]. AAA 2005 FARS Meeting Paper. 2004.

[95] KOHLBERG L. The philosophy of moral development moral stages and the idea of justice [J]. 1981.

[96] KRISHNAN G. V., Parsons L. M. Getting to the bottom line: an exploration of gender and earnings quality [J]. Journal of Business Ethics, 2008, 78 (1-2): 65-76.

[97] LA PORTA R, LOPEZ-DE-SILANES F, SHLEIFER A, et al. Investor protection and corporate governance [J]. Journal of Financial Economics, 2000, 58 (1): 3-27.

[98] LABORDE W J. The gendered division of labor in parental caretaking: biology or socialization? [J]. Journal of Women & Aging, 1994, 6 (1-2): 65-89.

[99] LEE P M, JAMES E H. She'-e-os: gender effects and investor reactions to the announcements of top executive appointments [J]. Strategic Management Journal, 2007, 28 (3): 227-241.

[100] LEVI M D, LI K, ZHANG F. Mergers and acquisitions: the role of gender [J]. Available at SSRN 1123735, 2008.

[101] LICHTENSTEIN S, FISCHHOFF B, PHILLIPS L D. Calibration of probabilities: the state of the art [M]. Decision Making and Change in Human Affairs. Springer Netherlands, 1977: 275-324.

[102] MARTIN A D, NISHIKAWA T, WILLIAMS M A. CEO gender: effects on valuation and risk [J]. Quarterly Journal of Finance and Accounting, 2009, 23-40.

[103] MAZNEVSKI M L. Understanding our differences: performance in decision-making groups with diverse members [J]. Human Relations, 1994, 47 (5): 531-552.

[104] MCKNIGHTA P J, WEIRB C. Agency costs, corporate governance mechanisms and ownership structure in large uk publicly quoted companies: a panel data analysis [J]. The Quarterly Review of Economics and Finance, 2009, 49

(2): 139-158.

[105] MING JIAN, T J WONG. Earnings management and tunneling through related party transactions: evidence from chinese corporate groups, SSRN [C]. Working Paper, 2003.

[106] MISHRA C S, NIELSEN J F. Board independence and compensation policies in large bank holding companies [J]. Financial Management, 2000: 51-69.

[107] MURRAY A I. Top management group heterogeneity and firm performance [J]. Strategic Management Journal, 1989, 10 (S1): 125-141.

[108] NALIKKA A. Impact of gender diversity on voluntary disclosure in annual reports [J]. Accounting & Taxation, 2009, 1 (1): 101-113.

[109] OZKAN N. Do corporate governance mechanisms influence CEO compensation? an empirical investigation of UK companies [J]. Journal of Multinational Financial Management, 2007, 17 (5): 349-364.

[110] PENG W, WEI K. Women executives and corporate investment: evidence from the S&P 1500 [J]. The Finance Management Association meetings in Orlando, Florida, the China International Conference in Finance in Chengdu, PRC, and the 15th SFM Conference in Kaoshiung, Taiwan.

[111] PENROSE E T. The Theory of the Growth of the Firm [J]. Great Britain: Basil Blackwell and Mott Ltd, 1959.

[112] PETERSON C A, PHILPOT J. Women』s roles on US fortune 500 boards: director expertise and committee memberships [J]. Journal of Business Ethics, 2007, 72 (2): 177-196.

[113] PFEFFER J. Explaining organizational-behavior-mohr, Lb [J]. 1983.

[114] PINDYCK R S. Uncertainty in the theory of renewable resource markets [J]. The Review of Economic Studies, 1984, 51 (2): 289-303.

[115] POWELL M, ANSIC D. Gender differences in risk behaviour in financial decision-making: an experimental analysis [J]. Journal of Economic Psychology, 1997, 18 (6): 605-628.

[116] RICHARDSON S. Over-investment of free cash flow [J]. Review of Accounting Studies, 2006, 11 (3): 159-189.

[117] ROSE C. Does female board representation influence firm performance? the danish evidence [J]. Corporate Governance: an International Review, 2007,

15（2）：404-413.

［118］ROSS S A. The economic theory of agency: the principal's problem［J］. The American Economic Review, 1973, 63（2）：134-139.

［119］ROZEFF M S. Growth, beta and agency costs as determinants of dividend payout ratios［J］. Journal of Financial Research, 1982, 5（3）：249-259.

［120］SEALY R, VINNICOMBE S, SINGH V. The pipeline to the board finally opens: women's progress on FTSE 100 boards in the UK［J］. Women on corporate Boards of Directors: International Research and Practice, 2008: 37-46.

［121］SHLEIFER A, SUMMERS L H. Breach of trust in hostile takeovers［M］//Corporate Takeovers: Causes and Consequences. University of Chicago Press, 1988: 33-68.

［122］SHLEIFER A, VISHNY R. Large shareholders and corporate control［J］. Journal of Political Economy, 1986, 94（94）：461-488.

［123］SLOVIC, P. Risk-taking in children: age and sex differences［J］. Child Development, 1966, 37（1）：169-176.

［124］SHLEIFER A, VISHNY R W. A survey of corporate governance［J］. The Journal of Finance, 1997, 52（2）：737-783.

［125］SHORT H, ZHANG H, KEASEY K. The link between dividend policy and institutional ownership［J］. Journal of Corporate Finance, 2002, 8（2）：105-122.

［126］SHRADER C B, BLACKBURN V B, ILES P. Women in management and firm financial performance: an exploratory study［J］. Journal of Managerial Issues, 1997, 355-372.

［127］SLOAN R. G. Accounting earnings and top executive compensation［J］. Journal of Accounting and Economics, 1993, 16（1-3）：55-100.

［128］SPENCE M, ZECKHAUSER R. The effect of the timing of consumption decisions and the resolution of lotteries on the choice of lotteries［J］. Econometrica: Journal of the Econometric Society, 1972: 401-403.

［129］SRINIDHI B, GUL F A, TSUI J. Female directors and earnings quality［J］. Contemporary Accounting Research, 2011, 28（5）：1610-1644.

［130］STINEROCKA R N, STERNB B B, SOLOM M R. Gender differences in the use of surrogate consumers for financial decision-making［J］. Journal of Professional Services Marketing, 1991, 7（2）：167-182.

[131] VON EIJE H, MEGGINSON W. Dividend policy in the european union [J]. Unpublished Paper, 2006.

[132] WATSON J, MCNAUGHTON M. Gender differences in risk aversion and expected retirement benefits [J]. Financial Analysts Journal, 2007, 63 (4): 52-62.

[133] WATTS R L, ZIMMERMAN J L. Positive accounting theory [J]. 1986.

[134] WILLIAMS R J. Women on corporate boards of directors and their influence on corporate philanthropy [J]. Journal of Business Ethics, 2003, 42 (1): 1-10.

[135] YERMACK D. Flights of fancy: corporate jets, CEO perquisites, and inferior shareholder returns [J]. Journal of Financial Economics, 2006, 80 (1): 211-242.

[136] ZALD M N. The power and functions of boards of directors: a theoretical synthesis [J]. American Journal of Sociology, 1969: 97-111.

[137] ZELECHOWSKI D D, BILIMORIA D. Characteristics of women and men corporate inside directors in the US [J]. Corporate Governance: an International Review, 2004, 12 (3): 337-342.

[138] ZUCKERMAN M. Behavioral expressions and biosocial bases of sensation seeking [M]. Cambridge: Cambridge University Press, 1994.

[139] 安玉琢,劉豔華,孫振娟.上市公司股利政策與公司治理關係的實證分析 [J]. 河北工業大學學報, 2009 (4): 80-84.

[140] 陳國進,胡超凡,王景.異質信念與股票收益 [J]. 財貿經濟, 2009 (3): 26-21.

[141] 陳立泰,林川.董事會特徵與現金股利分配傾向 [J]. 管理世界, 2011 (10): 178-179.

[142] 陳曉,王琨.關聯交易,公司治理與國有股改革 [J]. 經濟研究, 2005 (4): 77-86.

[143] 陳震,李豔輝.市場化進程、企業特徵與高管薪酬—業績敏感性 [J]. 財貿研究, 2011 (6): 133-143.

[144] 黨紅.關於股改前後現金股利影響因素的實證研究 [J]. 會計研究, 2008 (6): 63-71.

[145] 代彬,劉星,郝穎.高管權力,薪酬契約與國企改革——來自國有

上市公司的實證研究 [J]. 當代經濟科學, 2011 (4): 90-98.

[146] 杜興強, 王麗華. 高層管理當局薪酬與上市公司業績的相關性實證研究 [J]. 會計研究, 2007 (1): 58-65.

[147] 段亞林. 非公平關聯交易下的公司利益轉移問題的研究 [R]. 深圳證券交易所研究報告, 2001.

[148] 方軍雄. 高管權力與企業薪酬變動的非對稱性 [J]. 經濟研究, 2011 (4): 107-120.

[149] 馮慧群, 馬連福. 董事會特徵、CEO權力與現金股利政策——基於中國上市公司的實證研究 [J]. 管理評論, 2013 (11): 123-132.

[150] 封思賢. 獨立董事制度對關聯交易影響的實證研究 [J]. 商業經濟與管理, 2005 (3): 54-60.

[151] 高雷, 宋順林. 關聯交易與公司治理機制 [J]. 中南財經政法大學學報, 2007 (4): 59-65.

[152] 郭科琪. 上市公司高管超額薪酬問題研究——基於董事會性別構成的視角 [J]. 財政研究, 2014 (5): 18-21.

[153] 何威風, 劉啓亮. 中國上市公司高管背景特徵與財務重述行為研究 [J]. 管理世界, 2010 (7): 144-155.

[154] 洪劍峭, 薛皓. 股權制衡如何影響經營性應計的可靠性——關聯交易視角 [J]. 管理世界, 2009 (1): 153-161.

[155] 胡亞權, 周宏. 高管薪酬、公司成長性水準與相對業績評價——來自中國上市公司的經驗證據 [J]. 會計研究, 2012 (5): 22-28.

[156] 黃娟娟, 沈藝峰. 上市公司的股利政策究竟迎合了誰的需要——來自中國上市公司的經驗數據 [J]. 會計研究, 2007 (8): 36-43, 95.

[157] 黃世忠. 上市公司會計信息質量面臨的挑戰與思考 [J]. 重慶財會, 2001 (11): 5-7.

[158] 江軒宇. 稅收徵管, 稅收激進與股價崩盤風險 [J]. 南開管理評論, 2013 (16): 152-160.

[159] 金智, 宋順林, 陽雪. 女性董事在公司投資中的角色 [J]. 會計研究, 2015 (5): 011.

[160] 李培功, 肖珉. CEO任期與企業資本投資 [J]. 金融研究, 2012 (2): 127-141.

[161] 李維安. 公司治理學 [M]. 北京: 高等教育出版社, 2005.

[162] 李小榮, 劉行. CEO vs CFO: 性別與股價崩盤風險 [J]. 世界經

濟，2012（12）：102-129.

[163] 李增泉，孫錚，王志偉.「掏空」與所有權安排[J]. 會計研究，2004（12）：3-13.

[164] 李增泉，葉青，賀卉. 企業關聯，信息透明度與股價特徵[J]. 會計研究，2011（1）：44-51.

[165] 李占雷，吳斯. 中小上市公司治理結構與股利分配研究[J]. 商業研究，2011（2）：7-12.

[166] 劉峰，賀建剛. 股權結構與大股東利益實現方式的選擇[J]. 中國會計評論，2004（2）：141-158.

[167] 劉建民，劉星. 關聯交易與公司內部治理機制實證研究——來自滬深股市的經驗證據[J]. 中國軟科學，2007（1）：79-89.

[168] 劉善敏，林斌. 基於大股東掏空下的經理人薪酬激勵機制研究[J]. 財經研究，2011（37）：69-78.

[169] 劉淑蓮，胡燕鴻. 中國上市公司現金分紅實證分析[J]. 會計研究，2003（4）：29-35.

[170] 劉銀國，張琛. 自由現金流與在職消費——基於所有制和公司治理的實證研究[J]. 管理評論，2012（10）：18-25.

[171] 劉玉敏. 中國上市公司董事會效率與公司績效的實證研究[J]. 南開管理評論，2006（1）：84-90.

[172] 盧銳. 管理層權力、薪酬差距與績效[J]. 南方經濟，2007（7）：60-70.

[173] 盧銳，魏明海，黎文靖. 管理層權力、在職消費與產權效率：來自中國上市公司的證據[J]. 南開管理評論，2008（5）：85-92, 112.

[174] 陸蓉，徐龍炳.「牛市」和「熊市」對信息的不平衡性反應研究[J]. 經濟研究，2004（3）：65-72.

[175] 羅進輝，杜興強. 媒體報導，制度環境與股價崩盤風險[J]. 會計研究，2014（9）：53-59, 97.

[176] 呂長江，張海平. 股權激勵計劃對公司投資行為的影響[J]. 管理世界，2011（11）：118-126.

[177] 呂長江，周縣華. 公司治理結構與股利分配動機——基於代理成本和利益侵占的分析[J]. 南開管理評論，2005（3）：9-17.

[178] 毛磊，王宗軍，王玲玲. 機構投資者與高管薪酬：中國上市公司研究[J]. 管理科學，2011（5）：99-110.

[179] 潘越, 戴亦一, 林超群. 信息不透明、分析師關注與個股暴跌風險 [J]. 金融研究, 2011 (9): 138-151.

[180] 權小鋒, 吳世農, 文芳. 管理層權力、私有收益與薪酬操縱 [J]. 經濟研究, 2010 (11): 73-87.

[181] 樹友林. 內生性視角下高管權力, 薪酬與公司績效關係研究 [J]. 江蘇社會科學, 2012 (3): 96-100.

[182] 唐清泉, 羅黨論, 王莉. 大股東的隧道挖掘與制衡力量——來自中國市場的經驗證據 [J]. 中國會計評論, 2005 (3): 63-86.

[183] 王化成, 曹豐, 葉康濤. 監督還是掏空: 大股東持股比例與股價崩盤風險 [J]. 管理世界, 2015 (2): 45-57.

[184] 王冠敏. 董事會規模影響公司業績及股利政策穩定性的實證研究 [D]. 廈門大學, 2008: 29-31.

[185] 王克敏, 王志超. 高管控制權、報酬與盈餘管理——基於中國上市公司的實證研究 [J]. 管理世界, 2007 (7): 111-119.

[186] 王茂林, 何玉潤, 林慧婷. 管理層權力、現金股利與企業投資效率 [J]. 南開管理評論, 2014 (2): 13-22.

[187] 魏峰, 李燚, 任勝鋼. 組織公正和心理契約違背對管理者行為的影響 [J]. 管理科學學報, 2007 (6): 30-40.

[188] 魏剛, 蔣義宏. 中國上市公司股利分配問卷調查報告 [J]. 經濟科學, 2001 (4): 79-87.

[189] 武立東, 張雲, 何力武. 民營上市公司集團治理與終極控制人侵占效應分析 [J]. 南開管理評論, 2007 (4): 58-66.

[190] 謝永珍. 中國上市公司審計委員會治理效率的實證研究 [J]. 南開管理評論, 2006 (1): 66-73.

[191] 許年行, 江軒宇, 伊志宏, 等. 分析師利益衝突, 樂觀偏差與股價崩盤風險 [J]. 經濟研究, 2012 (7): 127-140.

[192] 許年行, 於上堯, 伊志宏. 機構投資者羊群行為與股價崩盤風險 [J]. 管理世界, 2013 (7): 31-43.

[193] 楊華軍, 胡奕明. 制度環境與自由現金流的過度投資 [J]. 管理世界, 2007 (9): 99-106.

[194] 葉康濤. 關聯交易, 會計信息有用性與代理成本 [D]. 北京: 北京大學, 2006.

[195] 葉康濤, 曹豐, 王化成. 內部控制信息披露能夠降低股價崩盤風險

嗎？[J]．金融研究，2015（2）：192-206．

[196] 葉康濤，陸正飛，張志華．獨立董事能否抑制大股東的「掏空」？[J]．經濟研究，2007（4）：101-111．

[197] 葉銀華，蘇裕惠，柯承恩，等．公司治理機制對於關係人交易的影響[J]．證券市場發展季刊，2003（15）：69-106．

[198] 易顏新，柯大鋼，王平心．股利分配動因與股利決策——基於上市公司股利分配決策的實證分析[J]．經濟管理，2008（4）：45-54．

[199] 于東智，王化成．獨立董事與公司治理：理論，經驗與實踐[J]．會計研究，2003（8）：8-13．

[200] 餘明桂，夏新平．控股股東，代理問題與關聯交易：對中國上市公司的實證研究[J]．南開管理評論，2004，7（6）：33-38．

[201] 張純，呂偉．機構投資者、終極產權與融資約束[J]．管理世界，2007（11）：119-126．

[202] 張祥建，郭嵐．大股東控制與盈餘管理行為研究：來自配股公司的證據[J]．南方經濟，2006（1）：72-86．

[203] 張祥建，王東靜，徐晉．關聯交易與控制性股東的「隧道行為」[J]．南方經濟，2007（5）：53-64．

[204] 張兆國，劉亞偉，亓小林．管理者背景特徵、晉升激勵與過度投資研究[J]．南開管理評論，2013（4）：32-42．

[205] 張正堂．企業內部薪酬差距對組織未來績效影響的實證研究[J]．會計研究，2008（9）：81-87．

[206] 鄭國堅，魏明海，孔東民．大股東的內部市場與上市公司價值：基於效率觀點和掏空觀點的實證檢驗[J]．中國會計與財務研究，2007，9（4）．

[207] 朱國民，張人驥，趙春光．關聯交易與公司價值——基於中國證券市場的實證證據[J]．上海立信會計學院學報，2005（6）：32-38．

[208] 祝繼高，葉康濤，嚴冬．女性董事的風險規避與企業投資行為研究——基於金融危機的視角[J]．財貿經濟，2012（4）：50-58．

國家圖書館出版品預行編目（CIP）資料

女性董事對公司治理的影響 / 張玲玲 著. -- 第一版.
-- 臺北市：財經錢線文化, 2019.10
　　面；　公分
POD版

ISBN 978-957-680-368-0(平裝)

1.公司 2.企業管理

553.97　　　　　　　　　　　　　　　　108016511

書　　名：女性董事對公司治理的影響
作　　者：張玲玲 著
發 行 人：黃振庭
出 版 者：財經錢線文化事業有限公司
發 行 者：財經錢線文化事業有限公司
E - m a i l：sonbookservice@gmail.com
粉 絲 頁：　　　　　　網　址：
地　　址：台北市中正區重慶南路一段六十一號八樓 815 室
8F.-815, No.61, Sec. 1, Chongqing S. Rd., Zhongzheng Dist., Taipei City 100, Taiwan (R.O.C.)
電　　話：(02)2370-3310　傳　真：(02) 2370-3210
總 經 銷：紅螞蟻圖書有限公司
地　　址：台北市內湖區舊宗路二段 121 巷 19 號
電　　話：02-2795-3656 傳真 :02-2795-4100　網址：
印　　刷：京峯彩色印刷有限公司（京峰數位）

　本書版權為西南財經出版社所有授權崧博出版事業股份有限公司獨家發行電子書及繁體書繁體字版。若有其他相關權利及授權需求請與本公司聯繫。

定　　價：250元
發行日期：2019 年 10 月第一版

◎ 本書以 POD 印製發行